U0584449

企业劳动关系
全效指引

王超　李印隆　著

民主与建设出版社
·北京·

图书在版编目（CIP）数据

企业劳动关系全效指引 / 王超，李印隆著 .
-- 北京：民主与建设出版社，2024.2
ISBN 978-7-5139-4507-3

Ⅰ . ①企… Ⅱ . ①王… ②李… Ⅲ . ①企业 – 劳动关
系 – 研究 – 中国 Ⅳ . ① F279.23

中国国家版本馆 CIP 数据核字（2024）第 041718 号

企业劳动关系全效指引
QIYE LAODONG GUANXI QUANXIAO ZHIYIN

著　　者	王　超　李印隆	
责任编辑	廖晓莹	
封面设计	图美之家	
出版发行	民主与建设出版社有限责任公司	
电　　话	（010）59417747　59419778	
社　　址	北京市海淀区西三环中路 10 号望海楼 E 座 7 层	
邮　　编	100142	
印　　刷	北京协力旁普包装制品有限公司	
版　　次	2024 年 2 月第 1 版	
印　　次	2024 年 4 月第 1 次印刷	
开　　本	710 毫米 ×1000 毫米　　1/16	
印　　张	12.25	
字　　数	200 千字	
书　　号	ISBN 978-7-5139-4507-3	
定　　价	69.80 元	

序

　　随着我国社会主义法治化进程的不断完善，劳动者依法维权，用人单位合法规避用人风险，是社会主义法治建设的必然体现。本书从劳动者入职谈起，至劳动者离职结束，剖析了劳动者从入职到离职的七个环节中可能存在的55个风险点，这些环节无论是对劳动者，还是对用人单位，都是值得关注的。

　　如果你正在从事或即将从事人力资源（以下简称HR）工作，即使你已经看了上百个甚至更多不同类别的案例或劳动法分析，你的第一感觉依然会是劳动关系及劳动争议的处理纷繁复杂，即使你已经将"三法一例"倒背如流，代表用人单位参加了几十次甚至更多次的庭审，仍然会对如何处理劳动争议毫无头绪。

　　如果你是即将步入职场的劳动者，或是正在找寻更加适合自己工作岗位的劳动者，那么本书将有助于你更理性地了解劳动关系的各个环节，以及在每一个环节中应注意的事项，进而利于劳动者能够合理合法地维护自身的合法权益。

　　本书从劳动者入职、用人单位如何制定规章制度、劳动合同订立中的时间节点、未订立书面劳动合同的二倍工资、订立无固定期限劳动合同的条件、劳动合同履行中的变更、劳动合同解除和终止及劳动者离职期间等可能存在的风险点进行了全面、系统的分析。这是一本人事介绍必备的工具书，也是一本劳动者应该阅读的参考书。这本书不仅告诉你《劳动法》，更能帮助你解决劳动关系处理中的具体问题。

　　由于作者时间和水平有限，本书中难免存在不足之处，敬请批评指正。

王　超　李印隆

目　录

第一环节　用人单位招聘及劳动者入职前的十个风险点 ………… 1

风险点一：招聘广告撰写不好，也能引发一系列用工风险 ………… 1

风险点二：录用通知何时发出，直接关系到劳动者入职第一道手续的办理
………………………………………………………………………… 4

风险点三：入职前背景调查，是关系到所录用的劳动者能否胜任工作的
基础 ……………………………………………………………… 5

风险点四：录用通知与劳动合同是有区别的，不应忽视 ………… 5

风险点五：如何区别职务、职位和岗位，可能会影响日后的岗位调整 … 8

风险点六：录用通知中的共性条件 …………………………………… 8

风险点七：劳动报酬与福利待遇是不同的 …………………………… 9

风险点八：入职时审查劳动者哪些方面 ……………………………… 10

风险点九：当劳动者入职时，用人单位应履行的告知义务有哪些 … 12

风险点十：试用期录用条件如何界定，直接关系到对劳动者是否符合录用
条件的认定 …………………………………………………… 13

第二环节　用人单位制定及执行内部规章制度时的五个风险点 …… 19

风险点一：规章制度有效应用的关键是制定程序和设定内容是否合法 … 19

风险点二：HR对规章制度启动自查及修改程序时，应注意什么 … 24

风险点三：用人单位如何设计内部规章制度的民主程序 …………… 26

风险点四：当劳动者严重违反规章制度时，HR如何从程序上认定及应对
………………………………………………………………………… 28

风险点五：规章制度本身存在瑕疵，可能导致针对劳动者的违纪行为的
处罚无依据 …………………………………………………… 30

第三环节　劳动合同订立时的五个风险点……………………………… 32

　　风险点一：劳动合同必备条款及补充条款的约定技巧，直接关系到劳动者
　　　　　　　岗位的变更能否顺利实现 ………………………………… 32

　　风险点二：首次订立劳动合同期限的选择与注意事项 ……………… 37

　　风险点三：劳动者拒签劳动合同时，HR 如何处理 ………………… 39

　　风险点四：劳动者追索二倍工资的常见方式和应对策略 …………… 40

　　风险点五：签署无固定期限劳动合同时，怎么做 …………………… 42

第四环节　劳动合同解除及终止中的十三个风险点 ………………… 50

　　风险点一：如何认定劳动者试用期不符合录用条件 ………………… 50

　　风险点二：劳动者不辞而别时，HR 不能置之不理 ………………… 56

　　风险点三：用人单位与劳动者协商一致解除劳动合同，难道就安全了吗
　　　　　　　………………………………………………………………… 57

　　风险点四：劳动者提前三十天书面提出或试用期内提前三天口头提出解除
　　　　　　　劳动合同，HR 不要有漏洞 …………………………… 59

　　风险点五：当用人单位拖欠劳动者工资、加班费或未依法缴纳社会保险时，
　　　　　　　劳动者是可以主张解除劳动合同并要求经济补偿的 ……… 60

　　风险点六：如何利用好劳动者的过错来解除劳动合同，是 HR 必须要领悟
　　　　　　　的关键 ……………………………………………………… 64

　　风险点七：当劳动者长期请病假时，HR 该怎么办 ………………… 76

　　风险点八：如何认定劳动者不胜任工作，始终是困扰 HR 的难点 ……… 81

　　风险点九：到底该如何理解劳动合同履行过程中"客观情况发生重大
　　　　　　　变化"这一规定 …………………………………………… 84

　　风险点十：非用人单位过错解除劳动合同时的方案选择及经济成本分析
　　　　　　　………………………………………………………………… 87

　　风险点十一：劳动合同终止时，HR 应掌握的是终止的法定条件和关键
　　　　　　　　要点 ……………………………………………………… 88

　　风险点十二：解除或终止劳动合同时，HR 应关注的步骤 ………… 89

风险点十三：经济补偿金、赔偿金、代通知金、未订立书面劳动合同两倍

工资的适用原则，HR 要逐一分清 ……………………… 90

第五环节　用人单位处理竞业禁止及培训服务期时的九个风险点 ……… 92

风险点一：劳动者在什么情况下可以解除竞业限制协议 ………… 92

风险点二：劳动者违反竞业限制协议，用人单位如何取证 ……… 94

风险点三：竞业限制协议未约定补偿金是否有效 ………………… 94

风险点四：补偿金约定过低但违约金约定过高的竞业限制协议的效力 ……… 95

风险点五：用人单位约定月工资中已包含竞业限制补偿金的效力 ………… 96

风险点六：未约定竞业限制补偿，但劳动者已履行协议是否需支付补偿金，

或者劳动者不履行竞业限制协议是否需承担违约责任？ ……… 97

风险点七：用人单位违法解雇劳动者，劳动者可否不再履行竞业限制协议

………………………………………………………………… 98

风险点八：约定服务期就能阻止劳动者跳槽吗 ………………… 100

风险点九：设定服务期时，HR 必须掌握的防范要点 ………… 107

第六环节　用人单位在处理员工加班及休假时的八个风险点 ……… 110

风险点一：加班工资的基数处理 ………………………………… 110

风险点二：司法实践中对于加班的举证责任分配 ……………… 112

风险点三：用人单位实行特殊工时工作制后是否还计付加班费 ……… 112

风险点四：计件工资中还存在加班费问题吗 …………………… 113

风险点五：劳动者未填加班申请表就没有加班费了吗 ………… 114

风险点六：安排值班还支付加班费吗 …………………………… 115

风险点七：劳动者休假中所存在的法律问题 …………………… 115

风险点八：女职工"三期"问题，HR 如何应对 ……………… 120

第七环节　劳动者发生工伤事故时的五个风险点 ……………… 127

风险点一：用人单位的工伤保险待遇责任 ……………………… 127

风险点二：用人单位的工伤保险待遇责任中的特殊点 ………… 128

风险点三：双重劳动、指派劳动、劳务派遣、违法转包、挂靠经营中的
　　　　　工伤保险责任承担 ·· 129

风险点四：工伤赔偿和民事赔偿是否可以兼得 ······················ 130

风险点五：工伤补偿协议中的陷阱 ··································· 136

第八环节　劳动仲裁审理的基本程序及应诉技巧 ··················· 137

一、劳动仲裁审理的基本程序 ··· 137

二、劳动仲裁案件审理程序中需要特别注意的几个问题 ··········· 140

附　　录 ··· 142

附录一：《中华人民共和国劳动法》 ······························· 142

附录二：《中华人民共和国劳动合同法》 ··························· 153

附录三：《中华人民共和国劳动争议调解仲裁法》 ················ 168

附录四：《中华人民共和国劳动合同法实施条例》 ················ 176

附录五：劳动合同范本 ·· 182

第一环节　用人单位招聘及劳动者入职前的十个风险点

　　招聘工作是人力资源输入的起点，这一环节决定了用人单位能否吸引到优秀的人才，而没有对优秀人力资源的吸引力，用人单位就不可能实现对他们的接纳，所以，招聘工作的质量直接决定着人力资源输入的质量，从这个意义上讲，招聘工作对用人单位今后的成长和发展具有重要的意义。

　　招聘工作影响着人员的流动，招聘过程中信息传递的真实与否，会影响应聘者进入用人单位以后的流动。如果信息不真实，只展示用人单位好的一面，隐瞒差的一面，员工进入用人单位后就会产生较大的失落感，便会降低他们的工作满意度，从而导致人员较高的流动率；相反，如果传递的信息比较客观真实，就会有助于降低人员的流动率。

　　招聘成本主要包括广告费用、宣传资料费用、招聘人员的工资等，全部费用加起来一般是比较高的。因此，招聘活动的有效进行能够大大降低招聘的成本，从而降低人力资源管理的成本。

　　招聘工作是用人单位对外宣传的一条有效途径，尤其是外部招聘，本身就是用人单位向外部宣传自身的一个过程。

风险点一：招聘广告撰写不好，也能引发一系列用工风险

1. 避免就业歧视内容

　　所谓就业歧视是指没有法律上的合法目的和原因，而基于种族、肤色、宗教、政治见解、民族、社会出身、性别、户籍、残障或身体健康状况、年龄、身高、语言等原因，采取区别对待、排斥或者给予优惠等任何违反平等权的措施侵害劳动者劳动权利的行为，如"乙肝歧视第一案""性别歧视第一案""基因歧视第一案"等案例。

案例1　某公司招聘启事写明招聘员工10名，条件如下：女，汉族，35周岁以下，身高1.60米以上，城镇户口，本科学历及以上，身体健康，无大、小三阳，无残疾，未婚未孕，共产党员优先。

分析　此招聘启事条件中已经对具有特定身体或健康问题的人群形成了歧视。《中华人民共和国劳动法》第十二条规定："劳动者就业，不因民族、种族、性别、宗教信仰不同而受歧视。"第十三条规定："妇女享有与男子平等的就业权利。在录用职工时，除国家规定的不适合妇女的工种或者岗位外，不得以性别为由拒绝录用妇女或者提高对妇女的录用标准。"第十四条规定："残疾人、少数民族人员、退出现役的军人的就业，法律、法规有特别规定的，从其规定。"

然而，基于我国人员结构及经济发展特点，无论是劳动争议仲裁机构还是法院，在处理此类问题时不可避免地采取巧妙回避方式，因此需要放在社会整体大环境下分析各类歧视案件，断不能以点概面。

2019年2月18日，人力资源和社会保障部、教育部、国家卫生健康委员会、司法部、国务院国有资产监督管理委员会、国家医疗保障局、中华全国总工会、中华全国妇女联合会、最高人民法院九部门联合下发的《关于进一步规范招聘行为促进妇女就业的通知》中明确规定，用人单位"不得限定性别（国家规定的女职工禁忌劳动范围等情况除外）或性别优先，不得以性别为由限制妇女求职就业、拒绝录用妇女，不得询问妇女婚育情况，不得将妊娠测试作为入职体检项目，不得将限制生育作为录用条件，不得差别化地提高对妇女的录用标准。对用人单位、人力资源服务机构发布含有性别歧视内容招聘信息的，依法责令改正；拒不改正的，处1万元以上5万元以下的罚款"。

虽然上述通知属于规范性文件，但由于行政指令上已具有强制性要求，因此用人单位在招聘环节必须遵循公平、公正原则，避免因该问题引发招工争议。

【经典案例回顾】

2003年6月，原告张某在安徽省某市人事局报名参加安徽省公务员考试，报考职位为某县委办公室经济管理专业。经过笔试和面试，综合成绩在报考该职位的三十名考生中名列第一，按规定进入体检程序。2003年9月17日，张某在芜湖市人事局指定的某市人民医院的体检中被检查出感染了乙肝病毒。同年 9 月 25 日，芜湖市人事局经请示安徽省人事厅同意，组织包括张某在内的十一名考生前往某医院进行复检。张某体检复检结论仍为不合格。芜湖市人事局依据《安徽省国家公务员录用体检标准》正式宣布张某因体检不合格不予录用。张某在接到该通知后，表示不服，向安徽省人事厅递交行政复议申请书。2003年 10 月 28 日，安徽省人事厅作出《不予受理决定书》。同年 11 月 10 日，张某以被告芜湖市人事局的行为剥夺其担任国家公务员的资格，侵犯其合法权利为由，向法院提起行政诉讼。请求依法判令被告的具体行政行为违法，撤销其不准许原告进入考核程序的具体行政行为，依法准许原告进入考核程序并被录用至相应的职位。

2004 年 4 月 2 日，法院作出一审判决，确定被告芜湖市人事局在 2003 年安徽省国家公务员招录中，以体检不合格的理由取消原告张某录取资格的决定，主要证据不足，决定应予撤销。但法院同时认为，去年的公务员招考工作已经结束，原告张某报考的位置已被别人顶替，因此，对于原告张某要求被录用至相应职位的请求不予支持。4 月 19 日，芜湖市人事局不服一审判决，向芜湖市中级人民法院提起上诉。经过审理，芜湖市中级人民法院作出裁定：驳回上诉，维持原判。

案例评析　本案涉及平等权问题，特别是歧视与合理差别对待事宜。招录公务员时依据的体检标准是一种歧视还是合理的差别对待，主要要看合理差别对待是否有合理依据，以及合理差别对待是否在合理限度之内。公务员招录过程中，基于职务需要而对公务员的健康状况进行合理的限制是允许的，但这一限制一旦超出了合理限度，就会构成歧视。《安徽省国家公务员录用体检标准》没有具体情况具体分析，对所有乙肝患者一概而论，从而直接导致其体检标准的违法性，构成了对乙肝患者的歧视。

2. 招聘广告应清晰描述录用条件

《中华人民共和国劳动合同法》第三十九条规定，劳动者在试用期间被证明不符合录用条件的，用人单位可以解除劳动合同。实践中对于录用条件的法律风险主要存在以下几个方面。

（1）招聘广告岗位职责不详。

绝大多数用人单位都在招聘广告中对招聘岗位写明了具体要求，但仍有不少用人单位只做简单的叙述。虽然在新员工入职后一般均约定试用期，并在此期间，用人单位如果发现员工不符合录用条件可以解除劳动合同，但是试用期内并非可以随意解除劳动合同，用人单位必须提供充足的证据证明该员工不符合录用条件，否则将承担违法解除的后果。因此，用人单位在招聘广告中应对岗位职责进行详细列举，或在录用员工时制作岗位说明书并作为劳动合同附件，如此一来，将在认定试用期内是否符合录用条件方面提供最直接的证据支撑。

（2）劳动者应有知情权。

通过面试这个环节，用人单位对应聘者是否符合工作岗位要求，基本上可以做出判断，同时用人单位也应注意对求职者履行相应的用人单位信息告知义务，从而进一步降低招聘风险。

（3）用人单位忽视告知义务。

《中华人民共和国劳动合同法》第八条规定："用人单位招用劳动者时，应当如实告知劳动者工作内容、工作条件、工作地点、职业危害、安全生产状况、劳动报酬，以及劳动者要求了解的其他情况。"虽然在劳动争议仲裁案件和司法实践中极少出现因用人单位未履行告知义务而导致相应补偿或赔偿情形，但未履行告知义务极易与劳动合同法第十条规定的劳动合同订立、第三十八条规定的劳动者单方解除权及第四十六条规定的解除劳动合同经济补偿混淆或挂钩。

风险点二：录用通知何时发出，
直接关系到劳动者入职第一道手续的办理

（1）对一般性员工，用人单位在发出录用通知的时候，可以采取电话通知的方式，尽量避免采用电子邮件或者邮寄书面的录用通知。

（2）必须采取书面录用通知形式的，也应该保证录用通知的内容尽量简洁（除非对方对此存在具体要求）。

（3）当用人单位发出录用通知后，因各种原因需要撤回或撤销，简单说就是用人单位不想录用该应聘者时，用人单位必须尽快采取适当的方式，使撤回录用通知的函件先于或与录用通知同时到达应聘者。

（4）用人单位也可以按照约定录用应聘者，在劳动者到用人单位报到之后调剂到其他岗位进行使用，或者在没有其他合适岗位进行调整的时候将实际情况告知应聘者。

风险点三：入职前背景调查，
是关系到所录用的劳动者能否胜任工作的基础

（1）严格审查劳动者的身份证件。

（2）审查劳动者真实的身份。

（3）审查劳动者是否属于"自由之身"。

（4）审查劳动者是否和其他用人单位签订有服务期协议和竞业禁止协议。

（5）严格审查劳动者的学历证件和资格证、执业证书等。

（6）切实做好入职劳动者的背景调查工作，获取入职劳动者的工作经历、兴趣特长、道德品质、薪资等情况，从而根据调查的背景材料对劳动者进行综合考量，以便做到人尽其才、量才使用。

（7）严格入职劳动者的体检。

风险点四：录用通知与劳动合同是有区别的，
不应忽视

1. 发出录用通知与候选人体检的顺序安排

在实务中一般有两种操作模式：第一种模式是先让候选人进行体检，候选人体检合格后再发出录用通知；第二种模式是先发出录用通知后再让候选人体检。如果用人单位的招工条件允许的话，建议在操作中采取第一种模式。第二种模式主要存在以下两个方面的法律风险：①在拒绝理由上不易选定；②加大解雇成本。因为有可能会在用工期间产生病假、工伤等一系列后续问题，加大用人单位的解雇成本。

2. 录用通知书的失效

实务中会出现这样的情形：用人单位向候选人发出录用通知后，候选人迟迟不回复是否表示接受，则此时用人单位已经找到了新的候选人。为了规避此种情形带来的法律风险，建议在录用通知上设立一个回复期限，如果在期限内不予回复，则录用通知自动失效。

另外，实务中也会出现另外一种情形，候选人答复接受并且承诺在具体的时间入职报到，但是报到时间已到而该候选人却杳无音讯，可能该候选人已经另栖他枝而再无踪迹，也可能过了一段时间又重新出现来报到。那么在这种情况下用人单位是否还要受录用通知的约束？如何规避这种情况的法律风险？对此，建议可以在录用通知上设定，如果候选人不能在承诺的时间入职报到，则需事先得到用人单位的同意才能予以延迟，而且延迟时间不能超过用人单位设定的期限，否则录用通知自动失效。

3. 录用通知书与劳动合同之间关系的处理

关于录用通知书与劳动合同之间关系的处理，建议在实务中要明确劳动合同签订后，录用通知自动失效；当劳动合同和录用通知二者内容不一致时，以双方劳动合同为准，最大限度地减少因录用通知中约定不明确产生的后患。

案例 2 方某原是一家公司的部门经理。2013 年 12 月，方某通过应聘收到某实业公司电子邮件形式发来的《聘用通知书》，告知他已被录用，通知书中同时写明了报到日期、职位、薪酬等信息。收到聘用通知后方某回复同意被录用并确认将按预定时间到岗。随后，方某便向原公司递交了辞职报告，一个月后办理完了原公司的离职手续。然而，万万没想到，就在方某准备去该实业公司报到的前三天，他竟接到该实业公司撤销录用的电话通知。气愤不已的方某按录用通知书的报到日期到该实业公司进行报到，要求对方按《聘用通知书》办理录用手续，但遭到拒绝。之后，方某向劳动人事争议仲裁委员会申请仲裁，要求该实业公司赔偿自己的工资损失、社保费和年终奖损失共计约 3 万元。

分析 ①本案的关键点：需从法律上对《聘用通知书》进行定性，并对方某与该实业公司之间的法律关系予以分析。

首先，根据《中华人民共和国民法典（合同编）》第四百六十四条规定："合同是民事主体之间设立、变更、终止民事法律关系的协议。婚姻、收养、监护等有关身份关系的协议，适用有关该身份关系的法律规定；没有规定的，可以根据其性质参照适用本编规定。"然而，劳动关系具有极强的人身附属性，因此不宜适用上述民法典合同编中的要约、承诺来理解《聘用通知书》。

　　其次，该实业公司拒绝按照《聘用通知书》录用方某，其解除的是一个普通的民事法律关系，还是特殊的劳动关系？若解除的是一段劳动关系，则适用的是《中华人民共和国劳动合同法》及其相关规定，此时如果方某要求继续履行，其前提是双方已经建立了劳动关系。很显然，在该实业公司拒绝录用方某时，双方尚未建立劳动关系，故只能按照普通的民事法律关系处理，但由于民法领域不可能针对此类行为专门制定一部法律法规，因此只能依据《中华人民共和国民法典》总则第七条所规定的民事主体从事民事活动，应当遵循诚信原则，秉持诚实，恪守承诺的角度予以考虑。

　　②劳动仲裁机构是否受理该案，根据《中华人民共和国劳动争议调解仲裁法》第二条所规定的劳动争议受理范围，若方某与该实业公司双方之间形成了劳动关系，则必然受理，但若双方之间并非劳动关系，则劳动仲裁机构无权受理，而本案中方某与该实业公司尚未建立劳动关系，因此劳动仲裁机构注定不予受理。

　　③用人单位撤销录用通知的法律风险，录用通知是否对用人单位具有约束力，关键在于是否被候选人接受。如果候选人接受则对用人单位产生约束力，否则，如果候选人不接受或者虽然接受但是对录用通知上的条件作出了实质性变更的话，则本录用通知对用人单位不具约束力。

　　尽管用人单位违反诚信原则，但是追究其相应责任不能通过强制用人单位和候选人履行的方式，而只能采取财产损失赔偿的方式来处理。由于候选人已经对用人单位形成了一种合理信赖，那么如果候选人能够证明其因为用人单位违反诚实信用原则遭受损失，则用人单位应该对该等损失承担赔偿责任。

　　④通过对上述案件分析后可以得知，该实业公司在向方某发出《聘用通知书》后，其已向方某表达了双方建立劳动关系的意思表示，方某回复同意及辞职行为表明其接受与该实业公司建立劳动关系的意思表示。但此时双方尚未建立劳动关系，因此该案不属于劳动仲裁受理范围。但方某可以向法院提起诉讼，法院审理本案中基本不会考虑双方是合同关系，还是劳动关系，而是从该实业公司拒绝录用的行为给方某造成的损失角度进行裁判。因此对于方某辞职后的工资损失应予以支持，对于社会保险和年终奖将不会支持。

关键点提示 招聘员工时对于录用条件的设定，直接关系到未来劳动者在试用期内是否符合录用条件的认定，进而关系到试用期内解除劳动合同合法与否的确定，此之谓录用条件的"三定"。

风险点五：如何区别职务、职位和岗位，可能会影响日后的岗位调整

（1）通常情况下，职位是用人单位对聘用人员级别的定位，而岗位泛指职位，但实践中理解得比较宽泛，指的是聘用人员所从事的工作类别或部门类别。司法实务界一般认为，职务是用人单位内部管理范围，无论是劳动仲裁还是法院都不应予以干涉，对于劳动者具体的工作岗位则不然，因为岗位是纳入劳动合同条款范围的内容，因此变动岗位时无异于变更劳动合同，由此必须依据《中华人民共和国劳动合同法》及相关法律、法规之规定予以处理。

（2）录用通知中一般明确岗位即可，对于职位可以在入职后另行制定职位或岗位说明书。

关键点提示 区分了职务、职位和岗位，对于劳动者的调岗处理提供第一道支撑。

风险点六：录用通知中的共性条件

（1）诚实信用，无不良社会记录。

（2）技能、经验符合岗位要求，能胜任本岗位工作。

（3）适应岗位要求的身体条件——健康，无重大疾病史或家族遗传病史或传染病史。

（4）能够全面履行岗位职责，保质完成岗位工作任务。

（5）能够及时保质完成上司或公司领导安排的工作任务。

（6）明确存在不符合录用条件后的解除条件，如虚假工作履历、学历及不

良社会记录等。

（7）确定入职期限及失效期限。

（8）报到时所需手续，如体检证明、学历证书、资格证书等。

风险点七：劳动报酬与福利待遇是不同的

（1）薪资包括试用期和转正后的应发工资和实得工资。

（2）福利待遇，具体以《国家统计局关于认真贯彻执行〈关于工资总额组成的规定〉的通知》规定为准。

①社会保险及住房公积金；②有薪年假；③年度体检；④年度旅游；⑤节假日、生日等待遇；⑥防暑降温费；⑦采暖费；⑧集中供热补贴；⑨上下班交通补贴；⑩洗理卫生费福利；⑪托儿补助费；⑫计划生育补贴。

但必须说明的是，伴随着国内税务体制改革的深入，各地劳动仲裁审理实务中已将防暑降温费、采暖费、集中供热补贴、上下班交通补贴、餐补等均纳入到劳动报酬中来，这就意味着《关于工资总额组成的规定》（国家统计局令第1号）面临着作废或不予执行的可能性，即部分福利项将作为计算解除或终止劳动合同经济补偿/赔偿金的月平均工资基数、加班费基数及个税基数的一部分了。

（3）绩效考核应否在录用通知中涉及，建议在入职后另行订立绩效考核办法或协议。

（4）未订立书面劳动合同的二倍工资系2008年《中华人民共和国劳动合同法》出台后，所产生的基于用人单位未与劳动者订立书面劳动合同而设定的惩罚性措施，因此不属于劳动报酬。

（5）对于年终奖，司法实务领域开始有了相对明确的处理方式，其核心点是用人单位以规章制度、通知、会议纪要等规定有权利领取年终奖的劳动者范围为年终奖实际发放之日仍然在职的劳动者为由，拒绝向考核年度内已经离职的劳动者发放年终奖的，如该年终奖属于劳动报酬性质，劳动者请求给付年终奖的，应予支持。劳动者在年终奖对应的考核年度工作不满一年的，用人单位应当按照劳动者实际工作时间占全年工作时间的比例确定发放年终奖的比例。

关键点提示　　（1）录用通知中确定的岗位不宜具体明确，而代之以如管理岗、操作工等类似用语更为稳妥，因为将岗位太过于明确，这可能给将来的岗位变动制造障碍。

（2）录用通知中的薪资标准可以确定基本工资，但不宜将奖金等属于用人单位自主决定范畴的薪资部分明确体现。

风险点八：入职时审查劳动者哪些方面

1. 审查内容

（1）劳动者的年龄审查。

用人单位之所以要审查劳动者的年龄，主要是防止录用童工及劳动者虚假应聘情形的发生。依据相关法律、法规之规定，用人单位使用童工的，至少会予以 5000 元以上的罚款。

（2）劳动者的学历、资格及工作经历的审查。

如果劳动者提供了虚假的学历、资格或工作经历，则属于劳动者虚假应聘，不仅违背了诚实信用原则，用人单位也不可能选择到真正的人才。如果用人单位有证据表明劳动者提供的学历、资格、工作经验虚假使用人单位在违背真实意思的情况下订立或者变更劳动合同的，用人单位可主张劳动合同无效，用人单位无需就此对劳动者给予经济补偿。但司法实践中对于用人单位的举证责任要求极高，因此建议用人单位在规章制度中设定为严重违反规章制度情形，从而使解除劳动合同有更为充足的制度依据。

（3）查验员工与其他公司是否拥有劳动关系。

如果用人单位录用了与其他公司尚有劳动关系的劳动者，对原用人单位造成经济损失的，可能承担赔偿责任。除此之外还应当对劳动者是否存在竞争限制进行审查，否则用人单位继续聘用该员工，并披露、公开或使用其所掌握的商业秘密则与劳动者构成共同侵权，应对受害用人单位承担侵权损害赔偿责任。

（4）查验劳动者的身体健康证明。

用人单位查验劳动者的身体健康证明主要是防止录用具有潜在疾病、残疾、职业病的员工。如果用人单位录用了以上人员，由于劳动者在患病期间依法享有医疗期,在医疗期期间,要按一定比例发放病假工资,这样就会增加用人单位的人力成本,并且在解除劳动合同时用人单位还要向劳动者支付经济补偿金。

(5)录用的是外国人,则应当审查是否需要办理外国人就业手续。

除了一些持有特殊规定的证件以外的外国人都需要在中国办理就业证,否则用人单位将会受到处罚,但台湾、香港和澳门同胞已无需办理就业许可。

2. 应对措施——建立员工档案

(1)应聘简历及面试评价表。

(2)身份证、学历证、户口本复印件。

(3)背景调查记录。

(4)入职登记表。

(5)体检表。

(6)员工转正工作总结、考核表。

(7)劳动合同。

(8)岗位变动记录。

(9)薪资调整记录。

(10)奖惩记录。

(11)保险缴纳记录。

(12)与公司订立的其他合同、协议等。

(13)其他有必要纳入档案的材料。

(14)辞职申请、辞退记录等。

案例3 某公司通过猎头录用一生产主管,虽然猎头对于该主管的背景进行了调查,该主管在入职信息表中也填写了其工作履历,可当办理了入职手续后查阅该主管就、失业证时,发现就、失业证中记载内容与入职信息表出入较大,经询问该主管,言及很多工作经历容易引发用人单位反感,因此才少填了部分内容。除了该公司规章制度中规定的提供虚假信息属于严重违反规章制度用人单位可以解除劳动合同的情形外,在入职信息表中亦有"违背诚信、虚假陈述的,愿承担解除劳动合同的后果"的承诺。

分析 对于此类情况,用人单位应当严格审查劳动者入职信息,一旦发现劳动者提供虚假信息时应及时处理,此外应在规章制度中对此予以明确规定。

关键点提示 实践中,大量用人单位可以将提供虚假信息等纳入严重违反规章制度情形，因此严格劳动者入职审查手续及相关信息采集，将为用人单位在认定劳动者是否符合录用条件之外提供一层保障。

风险点九：当劳动者入职时，用人单位应履行的告知义务有哪些

（1）用人单位应告知劳动者工作内容、工作条件、工作地点、职业危害、安全生产状况、劳动报酬等，特别是劳动报酬容易发生争议。

（2）用人单位有权了解劳动者的情况，但不是无限制的，法律规定用人单位有权了解劳动者与劳动合同直接相关的基本情况，如果是与劳动合同无直接相关的情况，劳动者即使说谎，用人单位解除与劳动者劳动合同也存在风险。

（3）应对措施。

①入职登记表中声明。公司已经告知本人工作内容、工作条件、工作地点、职业危害、安全生产状况、劳动报酬，其他情况，要签名确认。

②劳动者承诺。本人保证提供的学历证明、资格证明、工作经历等资料真实，如有虚假，公司可立即解除劳动合同，并不予经济补偿。

（4）入职文书的设计。

①入职时间必须明确。

②入职必备资料应予以提示。

③员工生活必需品应予以提示。

④报到部门及工作分配应予以明确。

⑤作息时间、就餐时间等应予以明确。

⑥规章制度阅知提示、劳动合同签署提示等关键内容应必备。

⑦入职文书应附回执，员工签字后归档。

关键点提示 入职登记表中应明确标注用人单位已履行告知义务及劳动者违背诚信的后果罚则。

入职登记表中的标注信息仅能起到减轻用人单位举证责任的作用，若用人单位未制定相应的规章制度，抑或是规章制度中对于劳动者提供虚假信息的处罚未予规定，则用人单位单纯以劳动者违背入职登记表记载内容为由解除劳动

合同，仍面临着违法解除的风险，关键原因在于：

（1）《中华人民共和国劳动合同法》第四条规定："用人单位应当依法建立和完善劳动规章制度，保障劳动者享有劳动权利、履行劳动义务。用人单位在制定、修改或者决定有关劳动报酬、工作时间、休息休假、劳动安全卫生、保险福利、职工培训、劳动纪律以及劳动定额管理等直接涉及劳动者切身利益的规章制度或者重大事项时，应当经职工代表大会或者全体职工讨论，提出方案和意见，与工会或者职工代表平等协商确定。在规章制度和重大事项决定实施过程中，工会或者职工认为不适当的，有权向用人单位提出，通过协商予以修改完善。用人单位应当将直接涉及劳动者切身利益的规章制度和重大事项决定公示，或者告知劳动者。"该条规定赋予了用人单位制定规章制度的法定权利和义务，因此用人单位放弃该权利和义务，将不可避免地影响用人单位依据规章制度的处罚权。

（2）《中华人民共和国劳动合同法》第三十九条规定的用人单位单方解除权，属于法律明确规定的解除情形，其中包括劳动者严重违反规章制度的解除，此外，该条款中并未规定用人单位可以依据《劳动合同》约定或其他承诺性文件解除的权利。

（3）若任由用人单位放弃规章制度的法定权利和义务，仅以《劳动合同》约定或其他承诺性文件解除或终止劳动合同，与立法本意相悖。

风险点十：试用期录用条件如何界定，直接关系到对劳动者是否符合录用条件的认定

1. 试用期录用条件的界定标准

从法律的角度而言，并没有对录用条件的标准和原则作出明确规定。因此，劳动者的录用条件如何确定，属于用人单位在规章制度或劳动合同中明确规定或约定的范畴。一般而言，应聘岗位所必须具备的职业素质或技能，是劳动者在应聘时就应该满足的，是该劳动者理所当然应当具备的录用条件。而当用人单位一旦以"不符合录用条件"为由对劳动者进行辞退时，即应在此之前，已经曾向劳动者清晰告知该工作的录用条件的具体内容。否则，这个理由就很难成立。

因此，从时间上说，可以是指招聘时的告知，也可以是劳动合同中约定的条款；从表现形式上说，可以由双方通过书面文字明确约定，也可以按照用人单位的惯例约定俗成；从文字来源上说，可以招聘启事中的招聘条件为准，也可以用人单位规定或者是劳动合同中职位描述为准；从程序上说，可以根据规章制度中的试用期考核或评价机制对劳动者是否符合录用条件进行认定。

2. 试用期解除并非可以随意应用

《中华人民共和国劳动合同法》第三十九条规定，劳动者"在试用期间被证明不符合录用条件的"，用人单位可以解除劳动合同，且无需支付经济补偿。因此，用人单位并非可以随意解聘试用期的劳动者。

3. 试用期间设定录用条件时，用人单位应当注意的问题

（1）录用条件应当合法。

录用条件所设定的标准应当合法，主要包含三方面：一是录用条件应当不违反法律、法规的相关规定，对于法律中明确规定的禁止使用童工、工作时间范围、劳动报酬、休息休假、劳动保护等一系列劳动标准或劳动条件，设定录用条件时坚决不能违反；二是录用条件不能设定用人单位任意解除权情形；三是录用条件不能歧视，录用条件不能有性别、种族、民族、年龄、身高等的歧视。

（2）录用条件应当详细、具体。

用人单位拥有详细、具体的录用条件后，更容易对劳动者作出最准确的考核；如果劳动者确实不符合录用条件，也更容易使得用人单位与劳动者正确理解"不符合录用条件"的结论。

（3）录用条件应当便于操作。

录用条件的表述应当准确，不能模糊不清，更不能有歧义。录用条件按内容划分一般应当包括入职条件、工作表现条件以及职业道德条件三方面的内容。

入职条件又可以分为资质条件、入职手续条件、身体健康条件、职业道德条件等。

资质条件包括但不限于学历、学位、工作经历、技术职称或资格、外语水平等硬件。

入职手续条件是办理入职必须具备的前提条件，如符合以下内容，一般可以认定为不符合入职手续条件：被查实不符合用人单位招聘条件的；无法提供解除或终止劳动关系证明的；不具备政府规定的就业手续的；无法提供用人单位办理录用、社会保险、住房公积金等所需要的文件证明的；未经用人单位书面许可不按劳动合同约定时间到岗的；与原用人单位存在竞业限制约定且在限制范围之内的。

身体健康条件可以约定不得患有精神疾病或按国家法律法规规定应禁止工作的传染病等，但需要符合特定条件，本书后文会单独加以分析。

工作表现条件是指在试用期内完成工作任务的能力及表现，可分为工作能力条件与工作表现条件，工作能力条件可以从"质和量"两个方面进行设定并作相应考核；工作表现是考察劳动者入职后的日常表现，包括出勤情况、待人接物情况、与团队成员相处及融合情况等。

职业道德条件则顾名思义，一个劳动者的品德往往重要过其工作能力。用人单位设定职业道德条件时，一般可以将劳动者在试用期内是否存在谎报业绩、欺上瞒下、挑是非、贪图小利甚至小偷小摸等行为作为设定条件，以考察员工的人品。

部分共性条件可以写入录用条件。共性条件就是大多数的用人单位都需要考虑或者使用的条件。至少两方面的问题可以列入录用条件：一是身体健康，如果不将"身体健康"设定为录用条件，极可能发生用人单位无法以"不符合录用条件"为由解除劳动合同的法律风险，但并非单纯的"身体健康"就成为判断是否符合录用条件的标准，实践中身体健康与否必须与劳动者所从事的岗位相结合，如果岗位要求必须以身体条件为前提，则可以，否则即使劳动者患有某种疾病，但该疾病并不影响其工作，则不能成为不符合录用条件的标准。二是防止欺诈性条件。劳动者如果以欺诈手段骗取劳动合同的，当然可以主张劳动合同无效。

从另一角度分类，录用条件又可以包括客观条件与主观条件两方面，其中客观条件，包括年龄、学历、工作履历、工作表现等。而职业道德条件和工作表现条件则介于两者之间。制定录用条件时应当尽量将主观性较强的条件比如"工作能力较强、工作积极性较高"等词义含糊的条件进行量化，应以可以考核评定的要件代替。而主观条件，就是经常提及的"试用期内考核"，对此用人单位应通过专门的试用期考核办法从五个方面予以明确规定，包括谁来考、考什么、怎么考、考核标准、考核结论告知。所谓的"谁来考"是指明确规定什么等级的员工对应什么等级的领导进行考核，哪怕是领导一个人对其进行考核也可以；"考什么"是指用人单位在考核办法中明确规定考核内容，比如德能勤绩廉、工作表现、业务要求，等等；"怎么考"是指用人单位在考核办法中明确规定考核形式，如领导打分、团队互评、开卷考试，等等；考核标准是指用人单位在考核办法中根据规定的考核形式规定不同的结论标准，但必须明确哪种标准属于不符合录用条件，如开卷考试就需明确多少分以下属于不符合录用条件、等级评价就需明确什么样的等级属于不符合录用条件，等等；考核结论告知是指用人单位需就考核最终结论告知劳动者，但无需征得劳动者同意或接受。

案例 4 某宾馆原来只准备招用 3 位领班，录用条件包括"相貌端正、吃苦耐劳、服务周到"等，但因报名者众多，最后剩下 5 人。宾馆决定，跟这五位均签订为期 3 个月的试用期合同，试用期结束时，对不符合录用条件的予以解聘。然而，当试用期结束时，两位落选者坚决不答应解除劳动关系，均提出：宾馆当初的录用条件是"相貌端正、吃苦耐劳、服务周到"，"我们天天早出晚归，累得腿脚都肿了，仍然待顾客如亲人，难道还不够'吃苦耐劳、服务周到'吗"？

分析 对于此种情形分析可知，该宾馆所设定的录用条件并不明确，如果宾馆以员工不符合录用条件为由解除劳动合同，其举证很难完成。

身体健康状况能否作为录用条件？

一般来说，我们通常所理解的录用条件应该是完成岗位工作的个人品质、专业技能及相关的知识能力。但一个人的身体健康状况，作为客观的物质条件，是否也可以作为录用条件呢？根据《中华人民共和国就业促进法》规定，"用人单位招用人员，不得歧视残疾人，不得以是传染病病原携带者为由拒绝录用"。

不过，身体健康状况能否作为录用条件，关键还在于员工的身体条件本身是否对完成所需要的工作构成不利影响，或者特殊情况下的身体条件根本就不能完成相应的工作。比如，一个宾馆如果招收保安，需要身高 175 厘米，而身高达不到这个要求的则会被招聘者认为不符合录用条件。相反，对于一个打字员来说，如果招聘单位要求其身高必须 175 厘米，则这个录用条件通常会被认为是不合理的。

案例 5 某印刷厂招用工人，工种为排版工。招工简章中明确规定：招用劳动合同制工人 10 人，男女不限，年龄在 23 周岁以内，双眼裸眼视力 5.0（新的国际标准）以上。

2001年9月1日，黄某应聘到激光照排车间任排版工，试用期3个月。由于黄某是视神经萎缩，裸眼视力只能达到4.6，而且不能矫正。因此，经其排版的清样错误多而且速度和质量与同期进厂的工人差距很大。印刷厂建议黄某到医院检查视力。经查黄某视力在招工以前即为4.6，与印刷厂招工简章中要求的视力不符。同年10月20日，印刷厂通知黄某，以不符合录用条件，与其解除劳动合同。黄某不服该辞退决定，遂申请劳动仲裁。

分析 本案中，该印刷厂根据其工作特点所设定的录用条件并不违反法律规定，如果印刷厂能够证明员工在试用期内确不符合其录用条件，则可以解除劳动合同，且无需支付经济补偿。

案例6 1999年10月，贺某在外出旅游期间因遭遇交通事故遭受重伤。在医院治疗期间，做了右肾切除手术。手术后，贺某身体恢复了健康，能够进行正常的活动。

2006年2月初，贺某得知某网络公司招工的信息，就前往报名。网络公司对前来报名者面试后，认为贺某符合条件，便让其参加体检。贺某的体检表中"既往史"栏中填写为"无残"，"腹腔脏器"栏中填写为"正常"，"审查意见"栏中为"健康"。通过体检后，网络公司又组织贺某等人员进行岗前培训。同年3月1日，网络公司与贺某签订了为期3年的劳动合同。合同约定试用期为6个月。随后，贺某被分配到该网络公司所属的财务部。

2006年4月，有人向该网络公司反映贺某曾做过右肾摘除手术，不符合录用条件。该网络公司随即派人将贺某带到医院做B超检查，结果显示贺某"右肾摘除，左肾正常"。同年4月18日，该网络公司以贺某"右肾摘除，存在严重身体缺陷，不符合录用条件"为由，作出了解除与贺某的劳动合同的决定。贺某不服该解除劳动合同的决定，遂申请劳动仲裁。

分析 本案的焦点在于贺某的身体状况是否符合录用标准。该网络公司方面认为，贺某的条件不符合本单位制定的《员工招聘、录用暂行规定》中关于新职工必须具备"身体健康，无严重疾病和严重缺陷"的录用条件，因此有权解除双方的劳动合同。而贺某则认为自己的身体正常，虽缺一肾，但是却能够进行正常的生活，并且认为自己完全能够胜任网络公司财务人员的工作。而身体健康条件能否作为录用条件，其决定因素一方面在于用人单位在招聘时有无明确的录用条件，另一方面则在于该条件是否直接决定了劳动者不能完成其所任职的工作。本案中，贺某虽缺一肾，但显然并不影响其完成财务工作。因此，该网络公司无权以贺某身体条件欠缺，不符合用工条件作为解除双方之间劳动合同的依据。

案例7 2006年11月，刘某参加了某公司的社会招聘考试并被录用，双方签订了3年的劳动合同，同时约定了6个月的试用期。2007年1月初，刘某发现自己怀孕了。她听说只要怀孕，单位就不能解除劳动合同，所以就在没有卫生部门诊断证明的情况下，违反单位的请假制度休了20多天的病假，上班后也没有认真工作，经常迟到早退。刘某的行为引起了单位同事和领导的不满，而此时该单位人事部门也通过查阅刘某的人事档案，发现她在应聘时隐瞒了曾在原单位受过行政处分的事实，这与该公司招聘时提出的"未受过行政处分"的录用条件不符。于是，人事部门在2007年1月底通知刘某解除劳动合同。刘某不服，以自己已怀孕、不能解除劳动合同为由向劳动仲裁委员会申请仲裁，要求撤销公司解除试用期劳动合同的决定。

分析 对于"三期"女职工，在该职工未出现《中华人民共和国劳动合同法》规定的用人单位有权解除劳动合同的法定情形时，用人单位则不可以解除劳动合同。本案中，如果公司以刘某在试用期内怀孕而与其录用条件不符为由，解除双方之间的劳动合同，显然不会得到法律的支持，因为将是否怀孕纳入录用条件直接违反了相关法律规定，但是将是否曾受过行政处分作为录用条件，并不违法。相反，如果刘某单纯认为其怀孕享有特权，而无需遵守用人单位的规章制度，那么其观点则大错特错。

关键点提示 录用条件"三定"原则在前文已予以阐述，本节中处处为要点。

第二环节　用人单位制定及执行内部规章制度时的五个风险点

用人单位规章制度，又可称为雇佣规则、工作规则或从业规则等，是指用人单位有关部门依照法定内容、法定程序制定的涉及员工切身利益并在本单位实施的书面的劳动规范。虽然《中华人民共和国劳动合同法》赋予了用人单位制定内部规章制度的权利，但如果用人单位不依据法律、法规规定的内容和程序制定内部规章制度，就会失去法律效力，存在严重的法律风险，用人单位也将为此承担民事赔偿、行政处罚等法律责任。

风险点一：规章制度有效应用的关键是制定程序和设定内容是否合法

1. 实体内容的风险

（1）制定的主体不适格。规章制度的制定主体应是用人单位行政系统中处于最高层次的，对本单位的各个组成部分和全体职工实行全面和统一管理的行政机构，并由其代表用人单位制定且以用人单位的名义颁布实施。

（2）内容失当。主要表现为制定的规章制度内容不合法、不合理。在实践中，一些用人单位的内部规章制度在不同程度上存在着违反法律、法规强制性或禁止性规定的内容，这些内部规章制度都会因为违反不同层次的法律、行政法规而无效。用人单位内部的规章制度除了合法之外，还应该保证其合理性。法律、行政法规对实务操作过程中没有详细规定的内容，需要用人单位通过制定内部规章制度加以明确、具体的规范。一般来说，用人单位内部的规章制度不得违反正常的常规性判断标准，应为大多数职工所认同，因此在合法的基础上还应保证制定内容的合理性。

2. 制定程序不合法

《中华人民共和国劳动合同法》第四条规定："用人单位应当依法建立和完

善劳动规章制度，保障劳动者享有劳动权利、履行劳动义务。用人单位在制定、修改或者决定有关劳动报酬、工作时间、休息休假、劳动安全卫生、保险福利、职工培训、劳动纪律以及劳动定额管理等直接涉及劳动者切身利益的规章制度或者重大事项时，应当经职工代表大会或者全体职工讨论，提出方案和意见，与工会或者职工代表平等协商确定。在规章制度和重大事项决定实施过程中，工会或者职工认为不适当的，有权向用人单位提出，通过协商予以修改完善。用人单位应当将直接涉及劳动者切身利益的规章制度和重大事项决定公示，或者告知劳动者。"在司法审判实务中，很多用人单位因为其制定规章制度的程序不合法而导致无效。

案例1　高某于 2007 年 1 月 28 日进入某制造公司工作。2012 年 6 月 29 日，该制造公司以高某工作时间未经领导许可擅自离岗为由，对高某处以记过 1 次减薪 10% 的处罚。2013 年 12 月 27 日，该制造公司又以高某违反工作作业标准（操作流程）未造成经济损失为由，对高某处以记过 1 次减薪 10% 的处罚，同时依据其公司内部制定的《员工手册》之规定，决定解除与高某之间的劳动合同。高某对两次处罚所依据的事实表示认可，但不认可该制造公司制定的《员工手册》的规定。该制造公司《员工手册》中规定，"凡受到警告处分的记作 1 次，受到记过、停职处分的记作 2 次。累计受到 3 次处分的，公司有权单方面解除劳动合同"。

分析　①记过一次减薪 10% 的规定是否合理？

在行政处罚中，存在"一事不再罚"的原则。在民事案件处理中，也存在"一事不再理"的原则。

虽然《中华人民共和国劳动合同法》中明确规定了用人单位也可以根据内部制定的规章制度对劳动者的违纪行为进行相应处罚，即若劳动者严重违反用人单位的规章制度的，用人单位可以解除劳动合同。但是一旦用人单位做出了处罚，也就意味着劳动者已经为其违纪行为承担了相应的责任。因此，针对一次违纪行为只能处罚一次，对同一行为不能重复处理，否则用人单位将拥有过度处罚的权利，会使劳动者的工作始终处于不安中，劳资双方的权利义务也就会失衡。因此，这就要求用人单位应当对不同程度的违纪行为分别明确不同梯度的处罚措施，并严格实施，而不能随意进行处分。

在现实情况中，一些用人单位出于好意给员工一个改正的机会，没有严格按照内部规章制度执行。而后如果出现劳动者工作表现下降的情形，此时用人单位再想进行处理，则会带来巨大的法律风险。

②警告处分记作 1 次，记过、停职处分的记作 2 次，累计受到 3 次处分的，解除劳动合同，如此规定是否合理？

实践中应该针对各种行为规定对应性处分。该案例中的"记过、停职处分"实际是针对劳动者的具体违纪行为规定的具体处罚措施，因此从性质上仅能作为一个处罚，如果用人单位将一个违纪行为定性为两次处分，必然是一事重罚的翻版，此种规定显然与法律规定的精神相悖。

案例 2　陈某于 2005 年 12 月 3 日入职某盐业公司，后双方续签劳动合同至 2011 年 12 月 31 日，陈某担任资产管理员一职。2010 年 7 月 12 日，该盐业公司以陈某年中考核不合格为由向其出具了解除用工合同的函。同月 21 日，陈某办理了员工离职手续单，该盐业公司于同月 31 日出具了解除劳动合同证明书。2010 年 8 月，该盐业公司向陈某发放了经济补偿金。该盐业公司制定的《劳动（劳务）合同管理办法》规定，年中考核不合格的，公司有权单方面解除劳动合同。

分析　用人单位内部规章制度中能否直接规定，如年中考核不合格即属于不胜任本职工作，即可以解除劳动合同的情形，而另行规定了"不能胜任工作"的具体情形又该如何理解？

《中华人民共和国劳动合同法》第四十条规定，劳动者不能胜任工作，经过培训或者调整工作岗位，仍不能胜任工作的，用人单位提前三十日以书面形式通知劳动者本人或者额外支付劳动者一个月工资后，可以解除劳动合同。对于不能胜任工作及其后续解除劳动合同，该规定已经从法律层面予以了明确规定，因此用人单位内部规章制度中直接规定如"年中考核不合格属于不胜任工作即可以单方解除劳动合同"，显然与法律规定相悖，属于无效规定条款。

案例 3　2013 年 10 月，吴某进入一科技公司上班，从事技术员工作，月收入 4500 元。2014 年 12 月，吴某与同部门的张某因多次言语不和发生摩擦后，终于在办公室里大打出手，直到公司领导带保安赶来制止。对于吴某和张某在上班时间打架的行为，公司作出了严肃处理，以违反公司劳动纪律为由，将吴某辞退。吴某不服，认为公司不能随便辞退自己，于是向劳动仲裁机构申请仲裁，要求科技公司支付违法解除劳动关系的赔偿金 13500 元。劳动仲裁机构经审理认为，吴某虽然存在上班时间与同事打架的不当行为，但公司据以开除吴某的所谓的规章制度并未经公司全体职工讨论、协商，各项制度也未告知职工或组织职工学习，这些制度因制定程序违法不能起到约束劳动者行为的作用。最终，劳动仲裁机构裁决科技公司支付吴某违法解除劳动合同赔偿金13500元。

分析 《中华人民共和国劳动合同法》第四条规定，用人单位在制定、修改或决定有关劳动报酬、劳动纪律等直接涉及劳动者切身利益的规章制度时，应经职工代表大会或者全体职工讨论，提出方案和意见，与工会或者职工代表平等协商确定，同时，还应公示或者告知劳动者。从上述规定可知，用人单位据以约定用人单位与劳动者之间权利义务的规章制度应当经过讨论、协商、修改、公示（或告知）等法定程序，方能作为用人单位经营管理的依据。若这些内部规章制度本身不合法，用人单位在劳动者出现迟到、旷工、打架等问题时，解除与员工的劳动关系就缺乏相应的法律依据，劳动仲裁机构对该解除行为只能认定为违法，用人单位应对此承担支付违法解除劳动合同赔偿金的法律责任。

当然，该案在审理中亦存在着比较明确的因素，即庭审中吴某对科技公司规章制度的民主程序提出质疑，而科技公司也无法举证证明其规章制度履行了民主程序，从而导致败诉。

司法实务中对于用人单位内部规章制度的民主程序掌握的一般原则是，如果劳动者在庭审中未就民主程序提出质疑，则无论是劳动仲裁还是法院均不会主动援引民主程序进行裁判，而对于民主程序的要求原则也并非严格，即如果用人单位有其他证据证明经过了一定的民主讨论或工会确实参与了规章制度的协商过程，可视为民主程序的存在。

案例 4 于某 2012 年 11 月 15 日入职某制造公司工作，任数据切割工。2012 年 8 月，该制造公司通过民主程序表决通过了《员工手册》。2013 年 4 月 18 日，于某因未按公司规定程序安排工作，经多次劝导不改正而受到口头警告处分。2013 年 7 月 16 日，于某因太累而不服从公司装配工作的安排受到书面警告处分。2014 年 1 月 15 日，于某不服从工作安排，擅离工作岗位，在更衣室聊天受到最后书面警告处分。2015 年 7 月 20 日，于某违反员工作息时间表中关于吸烟时间的规定受到最后书面警告处分。2015 年 7 月 28 日，于某未按照任务要求进行切割下料，在工作时间玩手机。制造公司以于某在最后警告期内再次违纪为由解除双方之间的劳动合同。于某主张公司应支付其违法解除劳动合同赔偿金。

庭审中，于某承认 2015 年 7 月 20 日确实存在抽烟行为，以及 7 月 28 日当天消极怠工的事实。

根据《员工手册》规定，员工违反操作程序或安全生产条例，未造成损失的，处口头警告；员工在受到口头警告后，如果在之后的连续 6 个月内无其他违纪行为发生，则可以向部门经理申请撤销口头警告，由部门经理做出撤销决定；员工无正当理由不服从工作分配和调动的，处书面警告，员工在收到书面警告后，如果在之后的连续 12 个月内无其他违纪行为发生，则可以向部门经理申请撤销书面警告，由部门经理做出撤销决定；员工在收到书面警告后再有任何过失，公司将给予最后书面警告，最后书面警告的有效期为 12 个月，如果员工在收到最后书面警告之后的连续 12 个月内无其他违纪行为发生，则可以向部门经理申请撤销，由部门经理做出撤销决定；如果在最后书面警告有效期内员工再有任何违规情况出现，公司将解除劳动合同，且无需支付经济补偿。

该制造公司员工作息时间表中规定了允许吸烟时间，但未规定违反吸烟时间的处罚措施。而《员工手册》中规定，在禁烟场所吸烟的，处口头警告。

本案经劳动仲裁机构进行仲裁，作出如下裁决：因于某 2015 年 7 月 20 日已收到最后书面警告，且制造公司已告知于某如在最后警告有效期内再出现任何违规违纪事宜将解除劳动合同，但于某在 2015 年 7 月 28 日再次出现违纪事实，因此制造公司解除劳动合同合法有效，于某要求支付赔偿金的请求无事实和法律依据。于某对该劳动仲裁机构的仲裁裁决不服，向人民法院提起民事诉讼，人民法院经审理，认定仲裁机构的仲裁裁决错误，改判该制造公司应向于某支付赔偿金。

分析　于某先后受到五次处分，是否均在有效期内？该制造公司下发的处罚是否符合《员工手册》规定？

2013 年 4 月 18 日，于某受到口头警告处分，其有效期为 6 个月；2013 年 7 月 16 日，于某受到书面警告处分，因此该处分尚在上次口头警告有效期内，但该次书面警告对本案无任何影响。2014 年 1 月 15 日，于某受到最后书面警告处分，该次警告确在上次书面警告有效期内，因此制造公司给予于某的最后书面警告并无不妥。2015 年 7 月 20 日，于某受到最后书面警告处分，首先，该次处分已超过上次最后书面警告的 12 个月有效期，因此上次最后书面警告已不能累计到本次违纪处罚；其次，因于某本次吸烟行为给予的最后书面警告所依据的工作作息时间表中仅规定了允许吸烟时间，但未规定违反吸烟时间的处罚措施，而《员工手册》规定的吸烟处罚为口头警告，因此制造公司做出的最后书面警告与《员工手册》规定不符。当于某 2015 年 7 月 28 日未按照任务要求进行切割下料，在工作时间玩手机的行为发生时，制造公司以于某在最后警告期内再次违纪为由解除劳动合同，明显与《员工手册》规定不符，因此制造公司解除劳动合同属于违法解除，应支付于某赔偿金。

关键点提示 （1）用人单位内部规章制度制定中涉及劳动者切身利益或者重大事项的范围包括劳动报酬标准、工作时间安排、休息休假方式、社会保险及福利待遇、职工培训如专业培训和专项培训、奖惩标准和具体行为定性及计件工资制项下的劳动定额管理等种种情形。

（2）用人单位内部规章制度制定中涉及劳动者切身利益或者重大事项时，需经职工代表大会或者全体职工讨论通过，此之谓规章制度制定的民主程序问题，而实践中真正符合民主程序是相当困难的事情，因此司法实践中采取了变通方式，只要征求工会意见即可，若用人单位并无工会，则需要拥有一定的程序，如各部门推举代表对于规章制度签字确认也可以（此环节如有基本的部门内推举流程或方式亦可行）。

（3）用人单位内部规章制度条款中对于绩效考核的标准制定、绩效考核的具体流程和方式、奖惩条款本身的不冲突以及摒弃兜底条款等具体内容的，应予以完善。

风险点二：HR 对规章制度启动自查及修改程序时，应注意什么

1. 由简入繁法

（1）程序上，明确本单位是否建立了职工代表大会，职工代表大会召开是否有规定的时间、地点、议事规则的要求。

（2）内容上，对本单位的行政、人事、财务、后勤、生产等核心部门针对

日常管理、行为守则、薪资规定、人事录用、考核评估、考勤管理、处罚细则等规定进行梳理，步骤：是否有规定—规定内容是什么—各部门是否有自行制定的规则。

2. 工作分块法

根据本单位核心部门的划分，从日常管理、行为守则、薪资规定、人事录用、考核评估、考勤管理、处罚细则等规定上结合制定程序进行梳理。若本单位未建立职工代表大会或未经全体职工讨论通过，则依托工会委员会，对相关规定进行补正程序。

（1）自查内容主要包括合法性、操作性、规范性和协调性。

合法性审查，主要是管理权限、管理方式、管理内容要符合国家法律的规定；操作性审查，主要是审查该规章是否可以顺利实施，是否具有可操作性；规范性审查，主要是规章的形式审查；协调性审查，是指规章之间要求协调一致，避免矛盾和冲突。

（2）劳动争议中裁判机关认定用人单位内部规章制度是否合法的条件与规则。

①统一观点。第一，规章制度制定和修改的程序应符合《中华人民共和国劳动合同法》第四条规定，即制定和修改程序的法律要件完整；第二，规章制度中直接涉及劳动者切身利益的规章制度和重大事项决定公示或告知义务。

②分歧观点。第一，裁判机关不应审查用人单位规章制度的合理性，极端例子为"迟到一分钟即予以解雇"的规定也应予尊重；第二，法律法规未授权裁判机关对规章制度内容进行审查。

司法实践中，裁判机关一般仅针对发生劳动争议所依据的规章制度的某项内容进行审查，如某公司依据其规章制度的某条对员工予以解雇，裁判机关就会对该解雇条款是否存在明显不合理进行审查，对规章制度其他条款则不告不理。最典型的例子是，《中华人民共和国劳动合同法》第三十九条中仅规定了"严重违反用人单位的规章制度的"和"严重失职"的用人单位享有合法解除权，但对于何为"严重"并未予以规定，这就赋予了用人单位制定的权利，但由于用人单位的相对强势地位，劳动者只能被动接受，这势必造成不公平现象大量出现，因此司法裁判机关必然对其合理性进行审查。

关键点提示　在制定和修改用人单位内部规章制度中，应关注的是法律规定所赋予用人单位制定条款的权利，若用人单位很好地加以利用，则在处理劳动关系和应对劳动争议中，将有充足的制度依据。

风险点三：用人单位如何设计内部规章制度的民主程序

1. 规章制度民主程序的流程设计与操作方法

第一步：选举职工代表。现行的法律法规对职工代表的选举是没有任何规定的，因此只能依照合理的方式进行。既然是职工代表，应当由全体职工选举才算合理。不过即使是职工选举，也有很多方式可以选择，用人单位仍然可以在其中起到重要影响，甚至掌控选举结果。比如候选人提名、候选人资格设置、候选人介绍、表决方式（记名投票、不记名投票、举手表决，甚至鼓掌通过）、表决票数要求等，任何一个环节中的组织者都可以施加莫大的影响。当然，最民主的方式是海选，不过此种方式在我国除了娱乐节目外似乎尚未推广普及，用人单位也可以选择说不。此外，职工代表的人数也可以由单位在充分的代表性、工作效率两者中进行平衡妥善确定。

第二步：将规章制度制定的目的、内容、程序等问题提交职工代表大会讨论，形成会议纪要或会议记录，由到会的所有职工代表签名。

第三步：由用人单位方及职工代表方提出规章制度的方案，或对规章制度的内容提出意见，这个程序中关键的事情仍然是证据保留，将用人单位或职工所提方案和意见统统记录在案，保留相关文本。

第四步：协商。针对用人单位方及职工代表方提出的方案或职工代表提出的意见，进行协商。对意见接受的，增加入制度文本；不能接受的，说明理由。协商也要以会议纪要或记录等形式保留证据。

2. 规章制度公示的方式与技巧

（1）直接将规章制度作为劳动合同的附件，在劳动合同中专款约定"劳动者已经详细阅读，并愿遵守用人单位的《劳动规章制度》"，让劳动者在劳动合同上签字。

（2）将规章制度以手册形式发给劳动者，交由劳动者阅读，并且在阅读后签字确认。用人单位应保留规章制度的发放证据。

（3）将规章制度放在用人单位网站上由劳动者浏览，通过计算机技术手段记录劳动者浏览规章制度的情况。此种方式在日后争议处理中容易出现举证困难，一般需进行公证。

（4）将规章制度在办公的公共区域进行规章内容全文公告，并且将规章制度的公示现场以拍照、录像等方式记录备案。

（5）将规章制度发到劳动者个人邮箱里，保留发信记录。此种方式在日后争议处理中容易出现举证困难，一般需进行公证。

（6）将劳动者对于用人单位规章制度的了解情况作为考核项目，定期或者不定期考核劳动者对规章制度的了解情况，记录规章制度考核结果并让劳动者签字确认。

（7）召开全体职工大会或者组织全体职工对规章制度进行集中学习、培训，让劳动者在规章制度学习培训报到表上签名。

（8）可以进行相应规章制度的考试，并保留规章制度的试卷。

3. 规章制度风险防范及操作性的设计思路

（1）用人单位内部管理制度的三个层次。

高层管理，即对用人单位业务和资源在整体上的一种把握和控制，包括组织架构、资源配置和企业战略等。

中层管理，即业务管理中的控制、组织和协调，决定了用人单位各种业务是否能有效地开展。

基层管理，即业务处理的过程管理。基础管理是分布在基层管理中但又跨越三层管理，能够影响用人单位全局的管理活动和事务。因此，基础管理制度包括以下三种形式。

①管理手册。它阐明方针和目标，描述管理体系构架和要素，是整个体系运行的总纲。

②程序文件。它是运行方法的具体描述，是开展各项管理工作的控制程序，是体系的主体，是管理手册的量化和细化。

③作业指导书。它是各项具体管理活动的指导性文件及相关工作记录表单，是控制程序的支持性文件。

（2）用人单位内部管理制度控制能够做到符合法律要求，更有助于完善现代企业制度，提升企业管理水平，有效实现风险控制由"事后处理"向"事前防范"的转变。

关键点提示　　（1）规章制度的公示或告知程序，最佳方案是在与劳动者订立劳动合同中纳入补充条款，但需明确的是规章制度的具体名称，切勿以"已阅读或知晓规章制度"此类涵盖内容来约定。当然，在实践中，劳动者往往以并未看到具体规章制度内容对抗，但劳动仲裁或法院断不会要求用人单位举证证明告知劳动者的行为，而是以劳动者签字行为即表明用人单位已完成了告知或公示程序。

（2）现行司法实践中对于民主程序的要求越发明确简化，只要实现以下三种类别中的一种即可。

①经过职工代表大会或者全体职工讨论协商。

②与用人单位工会平等协商，此时的协商过程不必过度要求，只需用人单位的工会盖章确认规章制度即可。

③与用人单位职工代表平等协商，此种方式更多的是用人单位未设立工会时的补救措施，简单说就是用人单位可以通过内设部门召开会议选举出职工代表，然后再由职工代表签字确认规章制度即可，需提示用人单位的是内设部门开会时要做好会议记录并由参会职工签字。

风险点四：当劳动者严重违反规章制度时，HR 如何从程序上认定及应对

案例 5　　冯某自 2014 年 6 月 23 日进入某电子公司从事巡查员工作，双方劳动合同期限自 2014 年 6 月 23 日至 2023 年 6 月 20 日止。2015 年 5 月 4 日，该电子公司以冯某"未按公司安排的工作内容工作"属于严重违反规章制度为由解除双方之间的劳动合同，依据是《奖惩管理规定》第 9.5.3 款及《环境安全科消防/安全/环境巡查员岗位补充合同协议》第 2 款的约定。该电子公司《奖惩管理规定》第 9.5.3 款规定，"不遵守作业规范，不履行确认义务，或擅离职守，或疏忽大意，或违反工艺标准，造成损失的"予以降职。《环境安全科消防/安全/环境巡查员岗位补充合同协议》第 2 款约定，"工作时间内禁止擅离职守。在工作时间内脱离岗位，做出与消防/安全/环境巡查员岗位无关且与公司工作范围无关的事情者予以无偿解除劳动合同"。故此，该电子公司于 2015

年 4 月 3 日向冯某发出了《关于冯某限期返岗通知书》，要求冯某在收到通知后三日内，到环境安全科报到并办理复工手续，但冯某于 2015 年 4 月 4 日接到通知后，未按安排的工作内容工作，因此该电子公司按照上述规章制度的规定，解除了双方之间的劳动合同，为此提供了《巡查员重要业务教育/指示/传达书》、面谈记录、公告等证据，其中《巡查员重要业务教育/指示/传达书》、面谈记录上均无冯某签字。冯某表示，其未见过上述《关于冯某限期返岗通知书》，也不存在未按安排的工作内容工作的行为，对于电子公司提供的《巡查员重要业务教育/指示/传达书》、面谈记录、公告未见过不认可。

分析 ①应明确电子公司解除的理由和依据是什么。

该电子公司解除的理由是"未按公司安排的工作内容工作"，此关键点在于该解除理由在规章制度中是否予以明确规定，如无规定，则解除依据不存在。

该电子公司解除的依据是《奖惩管理规定》第 9.5.3 款及《环境安全科消防/安全/环境巡查员岗位补充合同协议》第 2 款的约定，因此必须分析条款规定的具体内容。《奖惩管理规定》第 9.5.3 款规定的是"不遵守作业规范，不履行确认义务，或擅离职守，或疏忽大意，或违反工艺标准，造成损失的"予以降职。《环境安全科消防/安全/环境巡查员岗位补充合同协议》第 2 款约定，"工作时间内禁止擅离职守。在工作时间内脱离岗位，做出与消防/安全/环境巡查员岗位无关且与公司工作范围无关的事情者予以无偿解除劳动合同"。上述两规章制度相矛盾。

②电子公司的举证责任是什么？

电子公司表示，曾通知冯某限期返岗，要求冯某报到并办理复工手续，但冯某接到通知后，未按安排的工作内容工作，因此电子公司必须证明其已通知冯某，并对冯某进行工作安排，否则将承担举证不能的责任。

③电子公司对规章制度是否履行了民主程序和公示告知义务？

严重违反规章制度解雇通知文书的设计与运用

（1）必备内容。

解除对象必须明确；解除理由必须清晰；解除时间必须准确；解除依据必须注明。

（2）备注内容。

离职交接内容和时间的要求；工资及社会保险截止日；办理解除手续的要

求，如解除劳动关系通知书、解除劳动关系证明书、失业保险手续的办理提示等。

（3）解除通知的送达。

签字送达；邮寄送达；公示送达；报纸等媒介送达；公告送达。

（4）实践中必须注意的事项。

解除通知被退回不属于已送达，解除通知无法送达不能免除用人单位的责任。

风险点五：规章制度本身存在瑕疵，可能导致针对劳动者的违纪行为的处罚无依据

1. 劳动者违纪行为发生后，但用人单位的规章制度规定不明确或无规定时，如何处理？

无论是劳动仲裁还是法院审理，对于劳动者违纪行为的认定主要是依据用人单位规章制度中是否有明确规定，因此超出规章制度之外的劳动者违纪行为，一般是以规章制度无明确规定为由裁判用人单位败诉或相关处罚无法律依据。当然也有特殊情形出现，如某用人单位因生产订单下滑导致经营困难，无奈开始降低劳动者工资，这一事件突然激发了劳动者反抗，相当数量的劳动者开始采用停工及游行方式进行对抗，双方谈判不成后，用人单位解除与上述劳动者的劳动合同。而回顾用人单位的规章制度，并无相应条款设定劳动者行为是否妥当，最终，劳动仲裁机构认定用人单位未与劳动者协商一致即降低工资，显然不妥，而劳动者亦未能采用合理方式处理与用人单位之间的争议，在双方均有过错且劳动合同已无法继续履行的情况下，裁决用人单位支付劳动者解除劳动合同经济补偿金。而现实中由于大多数用人单位习惯性在规章制度中设定兜底条款，当出现劳动者违纪行为无法与具体条款相匹配时，往往采用该兜底条款进行处理，此种方式将无法被劳动仲裁机构及司法机关认可。

2. 部门内部的规定与用人单位规章制度相矛盾时，依据部门规定进行处罚的效力认定？

现实中，相当多用人单位除了有整体的规章制度外，其内部机构可能自行

制定了相关规定，当内部机构与规章制度相冲突时，当然应以用人单位规章制度为准，但是如果用人单位以内部机构规定对劳动者进行处罚，而依照规章制度则不属于相对应处罚时，此种处罚肯定无法律依据。

3. 规章制度、规定条款存在冲突时，如何纠正？

出现此类情形时，用人单位应立即依据《中华人民共和国劳动合同法》第四条规定要求进行修缮，并对劳动者进行培训或告知。同时必须说明的是，如果用人单位规章制度、规定条款存在冲突时，即使用人单位依据其中某一条款对劳动者进行处罚，其结果必然是被劳动仲裁机构或司法机关认定为规章制度规定不明确，其处罚依据不足而被撤销。

关键点提示　（1）用人单位涉及处理劳动者违纪行为时，需注意的事项：一是规章制度设立的程序是否合法，即是否有规章制度，且规章制度是否履行了民主程序及公示或告知程序；二是劳动者的违纪行为与规章制度规定的具体条款是否相匹配。

（2）用人单位处理劳动者违纪行为的程序是否完成，此之谓处理结论是否告知了劳动者。

第三环节　劳动合同订立时的五个风险点

　　劳动合同是用于判断劳动者与用人单位之间是否存在劳动关系的最直接依据，而劳动合同订立的时间节点关系到未订立书面劳动合同的二倍工资惩罚。劳动合同订立的内容亦直接关系到未来履行中的变更、解除及终止问题，因此，能否订立一份切实可行的劳动合同，至为关键。

风险点一：劳动合同必备条款及补充条款的约定技巧，直接关系到劳动者岗位的变更能否顺利实现

1. 劳动合同应当具备以下条款

　　用人单位的名称、住所和法定代表人或者主要负责人；劳动者的姓名、住址和居民身份证或者其他有效身份证件号码；劳动合同期限；工作内容和工作地点；工作时间和休息休假；劳动报酬；社会保险；劳动保护、劳动条件和职业危害防护；法律、法规规定应当纳入劳动合同的其他事项。

　　除前款规定的必备条款外，用人单位与劳动者可以约定试用期、培训、保守秘密、补充保险和福利待遇等其他事项。

2. 司法实践中对于调岗的处理原则

　　（1）符合劳动合同的约定或者用人单位规章制度的规定，此点属于程序上的要求，理解相对容易。

　　（2）符合用人单位生产经营的客观需要，此点的理解需要慎重对待，日常处理中可采取以下方式。

　　第一步：劳动合同或规章制度中对于何种情形属于用人单位生产经营的客观需要进行约定或规定，比如组织架构调整、部门合并或分离、生产线增减、业务转型、用工方式转化（派遣转外包）等；

　　第二步：相关部门就生产经营需要所导致的必须调岗进行评估论证，包括成本、效能等；

第三步：公司董事会或经营管理层根据评估论证结果作出调岗处理的决议；

第四步：人事等部门制定调岗方案；

第五步：具体实施调岗，面谈—通知—落实。

（3）调整后的工作岗位的劳动待遇水平与原岗位基本相当，但根据《中华人民共和国劳动合同法》第四十条第一项、第二项，因劳动者患病或者非因工负伤，在规定的医疗期满后不能从事原工作而被调整岗位，或者因劳动者不能胜任工作而调整岗位的除外，此点的关键在于调岗不调薪的大原则。

（4）调整工作岗位不具有歧视性、侮辱性。

（5）不违反法律法规的规定。

用人单位因生产经营状况发生较大变化，经济效益出现下滑等客观情况，对内部经营进行调整，属于用人单位经营自主权的范畴，由此导致劳动者岗位变化、待遇水平降低，劳动者主张用人单位违法调整工作岗位、降低待遇水平的，不予支持。用人单位主张调整劳动者工作岗位合法，应承担举证证明责任。

案例1 2018年4月，某汽车饰品公司根据日本总部要求进行组织结构调整。其中对由仓库大门至各生产线的物流运输工作进行拆分，原来由公务科统一负责，现调整为仓库大门至仓储所在地的物流运输仍由公务科负责，而仓储所在地至各生产线的物流运输划归各生产管理部负责，但员工的岗位、薪资待遇等均无变化。

本次调整涉及66名员工的部门切换，即原由公务科管理，现切换为各生产管理部管理。其中有9名员工不接受公司调整，后经一段时间的工作仍有4人坚决不同意，但该4人仍从事相应的工作，仅仅是工作效率不高，而公司短时间内又很难获得该4人消极怠工的证据，如何处理令公司极为头痛。

最终处理 第一步：面谈。经过三轮面谈，落实该4名员工拒绝公司调整以及不接受生产管理部管理的有效证据。

第二步：通知待岗。其目的是促使员工申请劳动仲裁，而员工申请劳动仲裁的理由无外乎两种：一种是要求继续履行劳动合同，但由于公司并未解除或终止劳动合同，因此员工的请求大体上应该会被驳回，与此同时，劳动仲裁和人民法院诉讼程序必然将员工不接受公司组织结构调整的事实详细记录，为将来的岗位调整乃至违纪处罚留存最有效的依据；另一种是要求撤销待岗通知，由于公司的待岗通知不合法，因此员工的请求大体上会被支持，但这不是问题的关键所在，关键的是劳动仲裁机构和人民法院诉讼程序仍会将员工不接受公司组织结构调整的事实详细记录，依然会给未来的岗位调整乃至违纪处罚留存最有效的依据。

第三步：通知复工。若员工来复工，则进入调岗操作；若员工拒绝复工，则按照旷工处理。最终该4名员工选择复工。

第四步：调岗面谈。公司为员工提供了三个以上且不降低薪资标准的岗位，若员工接受则顺利复工，若员工拒绝则按照规章制度规定的不服从工作安排进行处罚，直至解除劳动合同。该4名员工拒绝接受调岗。

第五步：公司根据规章制度的规定解除与该4名员工的劳动合同，而在最终的劳动仲裁和人民法院诉讼程序中，公司单方解除劳动合同被认定为合法。

案例2 李小姐在某商场工作，劳动合同约定的岗位为促销员，基本工资为1800元，另加提成工资。李小姐每月的平均工资为4000元。2009年5月，李小姐怀孕，公司出于好意，提出调整李小姐的岗位为普通文员，月固定工资为2500元。但李小姐为了多赚钱，拒绝了公司的岗位调整。2009年10月，因促销员需要长时间站立，李小姐开始觉得身体有点不适，但为了多赚钱，还是要求坚持下去，一直以来，李小姐均圆满完成工作。公司的领导很担心李小姐的身体，更怕李小姐在工作中身体出什么意外，公司要承担责任。为此，依据劳动合同中的约定"公司有权根据经营情况随时调整员工的工作岗位，员工无条件接受"，强行调整李小姐的工作岗位为普通文员，月固定工资为2500元。

分析 ①调岗属于变更劳动合同的主要内容，若用人单位无法定理由而调整员工的岗位，除非与劳动者协商一致，否则劳动者有权拒绝直至申请劳动仲裁要求继续履行原劳动合同。

②法律应该尊重用人单位的管理权，如果因为生产经营需要而必须进行调岗，且调岗具有合理性，则应予认可。当然，此种调岗的原则是调岗不调薪，即调整后的岗位应与劳动者的专业、能力等相匹配。当然，调整岗位的合理性需要用人单位举证，反之，用人单位是基于迫使劳动者离职而调整岗位，劳动者是可以拒绝的。用人单位以劳动者不服从安排为由解除劳动合同，就属于违法解除。如果劳动者不能胜任工作，用人单位当然有权调整其岗位，而对于劳动者不能胜任工作有明确的法律要求，劳动者此时拒绝调整岗位，用人单位据

此解除劳动合同，属于合法解除，但是用人单位应该提前一个月通知或支付代通知金后并支付解除劳动合同经济补偿。

③用人单位与劳动者所订立的劳动合同中可以对工作内容及工作岗位采取宽泛概念，如"管理岗""服务岗"等。

④工作内容的约定可以直接与调整工作岗位挂钩，而法律规定此类调整需协商变更，因此，应根据本单位经营特点设定工作内容。

⑤司法实践中对于工作地点变更的处理原则。

工作地点的调整具有歧视性、侮辱性；明显增加劳动者工作成本，但用人单位提供了相应补偿或者替代条件可以基本弥补劳动者增加的工作成本的除外；即使用人单位提供了相应补偿或者替代条件，但劳动者订立劳动合同的目的仍然落空的；违反劳动合同对工作地点约定的。

劳动者对用人单位调整工作地点存在上述情形承担举证证明责任。

案例3　例1：方某就职于某上市公司合肥分公司，某日接到通知，公司出于发展需要全体搬往公司总部，要求员工全体去北京上班，否则就解除劳动合同。问：方某能否拒绝去北京上班？能否要求公司支付经济补偿金？

例2：在天津市西青区某单位上班的张某接到通知，要将其调往天津市红桥区上班，张某先是不从，后听从公司安排，去红桥区上班。

分析　对于劳动者而言，"工作地点"宜具体，不宜宽泛。劳动者在签订劳动合同时应注意工作地点尽量具体，比如将工作地点具体到某一地址，如"某市某区××路××号"，或者直接填写用人单位经营注册地或项目所在地，等等。如此一来，如果用人单位日后要求的工作地点与约定的不一致时，必须经劳动者协商一致，否则劳动者可以与用人单位解除劳动合同并要求用人单位支付经济补偿金。

对于用人单位而言，对劳动者工作地点的约定既不能过分具体也不能过于模糊。

①如上述例2中将"工作地点"约定为"某市某区××路××号"，这种情况下，即使用人单位在某市某区内办公，地点发生变更，只要与原来的地址不相同，也极有可能被认定为工作地点发生了变化。这种情况下，只要工作地点与约定不一致，劳动合同的内容就已经发生了变更，用人单位很可能就必须承担不利后果。相反，如果在劳动合同中约定"工作地点"为"某市某区"，那么

用人单位是在该区范围内调整工作地点的，此种情形下，就不会被视为劳动内容的变更。如果劳动者拒绝搬迁的，用人单位就可以以员工旷工等为由解除劳动合同。或者，用人单位根据需要可以在劳动合同中约定两三个确定的工作地点，明确劳动者在需要时应当服从单位安排，在上述范围内调整工作地点等。如此一来，也可以避免变更工作地点带来的不利后果。

②另外一种情形是，为了避免承担擅自变更工作地点的不利后果，很多用人单位采取了大包围式的约定，即约定一个模糊的范围。如"中国""中国天津"，或者工作地点为"单位办公场所及其委派的工作场地""公司的工作区域或地点为公司本部或各分公司、子公司"，或者"乙方自愿服从公司安排"等，因实践中很多用人单位如规模较大的企业或者上市公司等，往往子公司、分公司、办公场所远远不止一个，这就导致了上述约定的地点其实存在不确定性。这种约定的可能的后果是，劳动部门和司法审判部门认定此种约定是不明确的，对劳动者不公平，劳动者的工作地点应当以劳动者现有的实际工作地点为准，用人单位委派劳动者到别的地点工作都将被认为工作地点变更。

③用人单位应当根据劳动者的不同工作性质，科学地约定劳动者的工作地点。对于外勤人员如单位销售人员、采购人员等，这类劳动者的工作性质决定了其工作地点需要在用人单位所在地以外的其他区域工作，以完成工作任务，因此，可以根据需要在劳动合同中约定"工作地点为：公司所在地××（省）市等，公司根据经营需要，可以对员工的工作地点在上述范围内作合理调整，员工同意并承诺在以上范围内服从公司的工作地点调整的安排"等。但对于内勤人员，如单位行政人员，则不应当以宽范围或模糊的方式约定，而应约定具体的工作地点，这类人员一般情况下是在用人单位所在地。

④约定了"工作地点"，可能给用人单位带来风险，那么是否可以不约定工作地点？不约定工作地点显然是不可取的。首先，劳动合同没有约定地点属于违反劳动合同法的行为。劳动合同法规定，用人单位提供的劳动合同未载明本法规定的劳动合同必备条款的，由劳动行政部门责令改正，给劳动者造成损害的，应当承担赔偿责任。其次，劳动合同未约定工作地点不等同于无工作地点，双方实际履行的"工作地点"可以作为劳动合同后继履行的依据。用人单位调整工作地点并给劳动者带来实质上的不利影响的，尽管缺乏明确的形式，即书面约定，也必须同样遵循协商一致原则，即未征得劳动者同意擅自变更工作地点的，劳动者有权拒绝。

⑤其他条款应注意的问题。

工作时间的约定必须符合《中华人民共和国劳动法》第三十六条相关规定，即国家实行劳动者每日工作时间不超过八小时、平均每周工作时间不超过四十四小时的工时制度。特别要说明的是，即使劳动合同中约定了综合工时制或不定时工时制，如果用人单位未获批特殊工时制的审批，劳动仲裁机构和人民法院对此理解不一，本书后文会有详尽论述。

劳动报酬中约定了加班费基数或对加班费采取包干制，司法审判实践中允许约定加班费基数，但不应低于当地最低工资标准，而加班费包干最终必然面临着以工资基数核算加班费后的差额补足。

附加条款可针对规章制度的阅知、保密事项、竞业禁止等内容进行约定，也可以采取另订补充协议方式予以约束。

关键点提示　　（1）劳动合同必备条款中的工作地点、工作岗位、工资标准等不宜约定得过于明确，而应采取如工作地点"天津"、工作岗位"操作工"、工资标准"不低于天津市最低工资标准"等方式来约定。

（2）现行司法审判实践中对于工作地点的变更有了新的思路，若用人单位符合以下情形时，仍然可以调整劳动者的工作地点。

①工作地点的调整不具有歧视性、侮辱性。如毫无任何理由即将劳动者调整到不必要的外地或与业务无关的区域等，则属于歧视性、侮辱性。

②用人单位提供了相应补偿或者替代条件，可以基本弥补劳动者增加的工作成本，如提供了通勤班车或者交通补助等。

③因工作需要而必须调整，如设置分支机构、更换办公场地等。

若劳动者仍拒绝接受工作地点调整，则用人单位可以选择按照不服从工作安排进行处罚，直至解除劳动合同，但也不排除某些劳动仲裁机构或司法机关认为属于客观情况发生重大变化，而要求用人单位支付经济补偿。

风险点二：首次订立劳动合同期限的选择与注意事项

1. 根据岗位确定

不同的岗位，应签订不同期限的劳动合同。具体来说，用人单位应根据有利于生产经营的原则，结合岗位的特点和劳动者的年龄、性别、身体状况、专业技术等因素，合理确定劳动合同的期限。

（1）对于保密性强、技术复杂，需要保持人员稳定的，可以选择签订无固定期限劳动合同或者中长期的劳动合同，以减少因频繁更换关键岗位的关键人员带来的损失。

（2）有下列情形之一的，可以选择签订以完成一定工作任务为期限的劳动合同：①以完成单项工作任务为期限的劳动合同；②以项目承包方式完成承包任务的劳动合同；③因季节原因临时用工的劳动合同；④其他双方约定的以完成一定工作任务为期限的劳动合同。

2. 根据工作性质确定

根据不同的工作性质，选择签订不同期限的劳动合同，同时约定相应的试用期。

（1）中高级管理人员和中高级技术人员是用人单位长期稳定发展的重要保证，而且他们的经验也是一种宝贵的资源。在与这类人员签订劳动合同时，可以先连续签订 2 次中长期合同（如五年），再签订无固定期限劳动合同。

（2）基层人员中大多数是刚毕业不久或工作不久的员工，他们需要熟悉用人单位的情况并积累工作经验。对于这部分人员，可以分两种情况区别对待。

第一种是技术人员。由于技术人员需要考察的时间周期较长，可以第一次签订长期劳动合同（如 3~5 年），约定不超过 6 个月的试用期，这段时间便于对这类人员的工作能力进行考察，也利于岗位轮换，熟悉不同岗位的工作内容，同时避免由于工作的变换不能再次约定试用期的风险。第二次签订劳动合同时，则应视具体情况而定，对于合适的人员，可以续签 5 年的劳动合同，再签无固定期限的合同。

第二种是管理人员。由于管理人员需要考察的时间周期较短，可以第一次签订短期合同，约定不超过 2 个月的试用期，这段时间可以了解他们的工作能力和工作态度。第二次签订劳动合同时，则应视具体情况而定，对于合适的人员，可以考虑续签 5 年的劳动合同，再签无固定期限的合同。

关键点提示　（1）无论第一次劳动合同如何订立，均应注意订立劳动合同的时间必须在劳动关系建立后的第一个月内，否则将产生未订立书面固定期限劳动合同的二倍工资惩罚，当然，计算二倍工资时最多 11 个月。

（2）若用人单位与劳动者超过一年未订立书面劳动合同，法律将视为用人单位与劳动者已订立无固定期限劳动合同。

（3）当第一次劳动合同到期，用人单位选择与劳动者续签劳动合同时，仍需遵循上述的一个月内要求，超过一个月又将产生未订立书面劳动合同的二倍工资的惩罚。

风险点三：劳动者拒签劳动合同时，HR 如何处理

案例 4　某公司成立于 2009 年 7 月，成立之初组织机构尚未完全健全。之后该公司来了新主管，其发现人事行政工作流程存在很多漏洞，特别是劳动合同的签订很不规范，存在某些员工未签订劳动合同或签订劳动合同的日期与实际入职日期不相符等情况。新任行政主管经过重新梳理，于 2010 年 7 月安排公司全部人员重新或按入职日期补签规范的劳动合同。在这一过程中，只有某部门员工王某（2009 年 8 月入职，一直未签订劳动合同）不予配合，经多次催促其仍拒绝与公司签订劳动合同。2010 年 7 月底，经公司领导决定，由于王某拒绝与公司签订劳动合同，从下月起其不再需要到公司上班，以自动离职处理，并给他支付了上月的工资，王某未办理任何离职手续。随后，王某申请了劳动仲裁，要求公司支付其自入职日一个月起的两倍工资赔偿及解除劳动关系的赔偿金。

分析　王某拒绝与公司补签劳动合同，公司仍然要支持双倍工资赔偿吗？如果是这样的话，似乎就纵容员工故意向企业索取赔偿？如若发现因工作中的失误，像上述案例中有的员工一直未签订劳动合同的情形，HR 部门应该如何做，才能避免劳动关系法律风险？

根据《中华人民共和国劳动合同法》第十条规定，建立劳动关系，应当订立书面劳动合同。已建立劳动关系，未同时订立书面劳动合同的，应当自用工之日起一个月内订立书面劳动合同。第八十二条规定，用人单位自用工之日起超过一个月不满一年未与劳动者订立书面劳动合同的，应当向劳动者每月支付二倍的工资。同时根据《中华人民共和国劳动合同法实施条例》第五条规定，自用工之日起一个月内，经用人单位书面通知后，劳动者不与用人单位订立书

面劳动合同的，用人单位应当书面通知劳动者终止劳动关系，无需向劳动者支付经济补偿，但是应当依法向劳动者支付其实际工作时间的劳动报酬。该实施条例第六条规定，用人单位自用工之日起超过一个月不满一年未与劳动者订立书面劳动合同的，应当依照劳动合同法第八十二条的规定向劳动者每月支付两倍的工资，并与劳动者补订书面劳动合同；劳动者不与用人单位订立书面劳动合同的，用人单位应当书面通知劳动者终止劳动关系，并依照劳动合同法第四十七条的规定支付经济补偿。

通过上述法律规定，如果用人单位未能在劳动者入职后的第一个月内订立书面劳动合同，必然导致用人单位支付未订立书面劳动合同二倍工资的风险。当劳动者拒绝在入职后第一个月内与用人单位订立书面劳动合同时，用人单位可以书面通知劳动者终止劳动关系，且无需向劳动者支付经济补偿，也就是说法律法规已经赋予了用人单位应对劳动者拒签合同时的解除或终止权利。

关键点提示　（1）当劳动者拒绝订立劳动合同时，用人单位不应犹豫而直接终止与劳动者之间的劳动关系。

（2）无论是签订第一次劳动合同，还是续签劳动合同时，若劳动者拒绝签署，用人单位应从以下几方面完善程序。

①面谈并做好书面记录，应明确面谈时间、地点、内容，关键是落实劳动者对于签订劳动合同的态度，并做好录音录像。

②面谈结束后，为避免程序有遗漏，用人单位应向劳动者发出书面通知，就签订劳动合同的意愿、劳动合同的条件以及回复日期予以明确标注。

风险点四：劳动者追索二倍工资的常见方式和应对策略

1. 劳动者追索二倍工资的常见方式

（1）请用人单位同事或他人代签名。

（2）以生病、出差或其他工作繁忙为由拖延签字时间。

（3）故意签写本人名字中的同音字。

（4）冒用他人身份签写。

（5）提供虚假授权代替签字。

（6）续签劳动合同时以薪资待遇、劳动条件等理由拖延签字。

2. 未订立书面劳动合同产生二倍工资惩罚的防范技巧

（1）制定新入职员工劳动合同签订日规则，形成机制。

（2）建立劳动合同到期日预警机制，及时续签劳动合同。

（3）对于确因不能准时到场的员工，填写声明文件。

3. 各种原因导致未订立书面劳动合同的补救措施

（1）协商补签劳动合同。

（2）对于拒绝补签的员工，立即解除劳动关系。

4. 其他就未订立书面劳动合同二倍工资惩罚的注意事项

（1）补签劳动合同时，将合同期限涵盖之前的工作期限，是否有效？

用人单位与劳动者建立劳动关系后，未依法自用工之日一个月内订立书面劳动合同，在劳动关系存续一定时间后，用人单位与劳动者在签订劳动合同时将日期补签到实际用工之日，视为用人单位与劳动者达成合意，劳动者主张二倍工资可不予支持，但劳动者有证据证明补签劳动合同并非其真实意思表示的除外。

用人单位与劳动者虽然补签劳动合同，但未补签到实际用工之日的，对实际用工之日与补签之日间相差的时间，依法扣除一个月订立书面劳动合同的宽限期，劳动者主张未订立书面劳动合同的二倍工资可以得到支持。

（2）退休人员是否应订立书面劳动合同，未订立时，是否存在二倍工资惩罚的问题？

根据《中华人民共和国劳动合同法》第四十四条规定，劳动者开始依法享受基本养老保险待遇的，劳动合同终止。此外，《中华人民共和国劳动合同法实施条例》第二十一条规定，劳动者达到法定退休年龄的，劳动合同终止。上述法律条款含义中已明确显示，在劳动者退休后，其与原用人单位之间将不存在劳动关系。当退休人员继续工作时，其与用人单位之间的法律关系将不再受《中华人民共和国劳动法》《中华人民共和国劳动合同法》约束，如果从性质上进行分析应该属于民事主体之间的雇佣关系，直接由人民法院司法机关审理相关争议。因此，退休人员再就业，无需与用人单位订立书面劳动合同，用人单位也无需支付未订立书面劳动合同的二倍工资，即使订立了也不受劳动法律法规保护。

（3）下岗再就业人员是否应订立书面劳动合同，未订立是否存在二倍工资惩罚问题？

我国现行法律对于双重劳动关系并不否定，尤其是国企改制过程中又出现了大量的下岗分流人员，这部分人原有继续工作的权利。因此，对于下岗再就业人员的社会保险和档案关系可能仍保留在原用人单位，但这并不影响其与新用人单位建立新的劳动关系。根据《中华人民共和国劳动合同法》第十条规定，建立劳动关系，应当订立书面劳动合同。已建立劳动关系，未同时订立书面劳动合同的，应当自用工之日起一个月内订立书面劳动合同，因此，既然不否定双重劳动关系，新用人单位必须与下岗再就业人员订立书面劳动合同，否则将承担二倍工资的罚则。

风险点五：签署无固定期限劳动合同时，怎么做

无固定期限劳动合同，是指用人单位与劳动者约定无确定终止时间的劳动合同。用人单位与劳动者协商一致，可以订立无固定期限劳动合同。有下列情形之一，劳动者提出或者同意续订、订立劳动合同的，除劳动者提出订立固定期限劳动合同外，应当订立无固定期限劳动合同：（一）劳动者在该用人单位连续工作满十年的；（二）用人单位初次实行劳动合同制度或者国有企业改制重新订立劳动合同时，劳动者在该用人单位连续工作满十年且距法定退休年龄不足十年的；（三）连续订立二次固定期限劳动合同，且劳动者没有《中华人民共和国劳动合同法》第三十九条和第四十条第一项、第二项规定的情形，续订劳动合同的。

用人单位自用工之日起满一年不与劳动者订立书面劳动合同的，视为用人单位与劳动者已订立无固定期限劳动合同。用人单位违反法律规定不与劳动者订立无固定期限劳动合同的，自应当订立无固定期限劳动合同之日起向劳动者每月支付二倍的工资。

1. 无固定期限劳动合同的法定条件与强制订立条件

（1）双方协商一致，可直接订立无固定期限劳动合同。

（2）符合四类情形（"三个应当一个视同"），劳动者提出或者同意续订、订立劳动合同的，除劳动者提出订立固定期限劳动合同外，用人单位必须无条件

签订无固定期限劳动合同，否则应自劳动者符合条件起支付二倍工资至签订无固定期限劳动合同止；用人单位如违法解除或终止劳动合同则应按全部连续工作年限支付赔偿金，即二倍经济补偿。

①"应当之一"：2008 年 1 月 1 日起，劳动者在该用人单位连续工作满 10 年的，包括连续履行劳动合同满 10 年，以及劳动合同期未到的和连续发生事实劳动关系满 10 年的，劳动者有权提出签订无固定期限劳动合同。连续履行劳动合同满 10 年而合同期未到的，用人单位可以要求合同履行至期满再续订无固定期限劳动合同。

②"应当之二"：用人单位初次实行劳动合同制度或者国有企业改制重新订立劳动合同时，劳动者在该用人单位连续工作满 10 年且距法定退休年龄不足 10 年的，必须签订无固定期限合同。用人单位初次实行劳动合同制度是指事业单位转制为企业实行劳动合同制度。

③"应当之三"：从 2008 年 1 月 1 日后新订和续订起计的连续二次固定期限劳动合同期满，劳动者有权提出签订无固定期限劳动合同。即第 1 次合同期满允许用人单位终止，第 2 次合同期满用人单位无权终止，劳动者提出续订，除劳动者提出订立固定期限合同外，第 3 次劳动合同必须签无固定期限劳动合同。

④"一个视同"：用人单位自用工之日起满 1 年不与劳动者订立书面劳动合同的，视为用人单位与劳动者已订立无固定期限劳动合同。

（3）用人单位因不订立无固定期限劳动合同而支付二倍工资，应同时具备两个条件。

①符合"三个应当"订立无固定期限劳动合同法定条件。

②劳动者提出或者同意续订劳动合同。用人单位如果要求订立无固定期限劳动合同但劳动者拖延，则可不支付二倍工资。用人单位在合同期满前应发出《续签劳动合同通知书》，并妥善保留该证据。

（4）符合"三个应当"订立无固定期限劳动合同情形，劳动者（最好用书面形式）提出或者同意续订劳动合同，且没有提出订立固定期限劳动合同，用人单位不与劳动者订立无固定期限劳动合同的，应支付二倍工资至签订无固定期限劳动合同止；劳动者提出订立固定期限劳动合同的，用人单位必须保留相关书面意向证明。符合"一个视同"，用人单位可以补签无固定期限合同，如果劳动者此时提出订立书面无固定期限劳动合同，用人单位仍拒绝订立的，劳动者还能否主张未订立无固定期限劳动合同二倍工资呢？司法实践中对此也有不同理解。一种观点是，法律已视为双方订立无固定期限劳动合同，对劳动者的权利保护也充分予以体现，因此不应再支持；另一种观点是，法律虽视为双方订立无固定期限劳动合同，但订立无固定期限劳动合同是用人单位的法定职责，法律所设定的未订立无固定期限劳动合同二倍工资就是对用人单位违法行为的惩罚，此时劳动者提出订立无固定期限劳动合同是完全遵循了法律赋予的权利，因此用人单位在劳动者明确提出后仍予以拒绝，其违法行为在延续，法律当然应支持劳动者的主张。

对此，笔者更赞同前一种观点，理由是法律已经从实质要件上对劳动者予以了保护，而订立无固定期限劳动合同仅仅是形式上的体现，再支持未订立无固定期限劳动合同二倍工资显然违背了立法精神。

（5）除劳动者与用人单位协商一致的情形外，劳动者依照"三个应当"条件，提出订立无固定期限劳动合同的，用人单位应当与其订立无固定期限劳动合同。对劳动合同的内容，双方应当按照合法、公平、平等自愿、协商一致、诚实信用的原则协商确定；对协商不一致的内容，依照《中华人民共和国劳动合同法》第十八条的规定执行。

（6）《中华人民共和国劳动合同法》第十四条第二款规定的连续工作满10年的起始时间，应当自用人单位用工之日起计算，包括《中华人民共和国劳动合同法》施行前的工作年限。

（7）无固定期限劳动合同并非铁饭碗，如果劳动者存在用人单位法定单方解除劳动合同的情形，劳动合同仍可以予以解除。

案例5 彭某自2007年7月25日入职A公司，双方签订了四期劳动合同，最后一期劳动合同期限自2010年8月1日起至2012年7月31日止，岗位为保安。2010年7月，A公司与彭某续签劳动合同时，彭某提出签订固定期限劳动合同，并在《关于续订劳动合同的情况说明》上签字。2012年6月25日，A公司向彭某提出合同到期后终止劳动关系，并向彭某发出终止劳动合同的通知，彭某拒绝在该份通知书上签字。同年7月31日，A公司以合同期满为由与彭某终止了劳动合同，并办理了退工手续。彭某提起劳动仲裁，要求与A公司签订无固定期限劳动合同，继续履行劳动合同。

分析 ①无固定期限劳动合同续订中的合意问题。

在司法实践中，之所以产生不同的理解，在某种程度上是对劳动合同法第十四条第二款第（三）项的理解有歧义。该条第二款已经对无固定期限劳动合同的签订做了总述性规定，而第（三）项在具体表述中又使用了续订劳动合同的表述，容易使人理解为即使劳动者提出订立无固定期限劳动合同的要求，也只有在用人单位同意续订劳动合同的前提下，才能签订无固定期限劳动合同。也就是说用人单位对续签劳动合同的期限没有选择权，但对于是否续订劳动合同是有选择权的。同时，根据劳动合同法第四十四条规定，劳动合同期限届满是劳动关系终止的法定情形之一，用人单位如果不愿意与劳动者续订劳动合同，而选择合同到期终止的，于法有据。接下来劳动仲裁机构或司法机关只要审查劳动关系终止的程序合法与否即可，已不再是无固定期限劳动合同的签订问题。应该说上述这种思路表面上看没有问题，也符合劳动合同签订应遵循的平等自愿、协商一致基本原则，但是通过对法律规范进行历史解释和价值评判就会发现，这种思路不符合立法本意。

②无固定期限劳动合同续订的强制缔约问题。

在立法理念和法律制度上，劳动合同法较劳动法有了较大突破。在劳动合同法立法过程中，人们逐渐认识到，劳动合同期限关乎劳动者就业权的实现，涉及劳动关系及社会稳定，劳动合同的社会法理念主要体现在无固定期限劳动合同中。经过我国多年市场经济的实践证明，无固定期限劳动合同能够稳定劳动关系、保护劳动者权益。劳动合同法的立法应摒弃以私法原则为主导的思想，更多植入社会法理念，突出保护劳动者权益和维护劳动关系稳定、和谐。劳动合同法秉持这一理念，为了进一步遏制劳动合同短期化的现象，通过强制续签、禁止约定终止条件等整体制度设计，已经改变了之前以固定期限合同为主的用工制度，建立起一套以无固定期限劳动合同为主的用工制度。

通过新旧法的对照，最容易发现制度变迁的轨迹。《中华人民共和国劳动法》第二十条第二款关于无固定期限劳动合同的订立，明确规定了当事人双方同意续签劳动合同这一前件，而《中华人民共和国劳动合同法》第十四条第二款的总述中则没有类似表述，仅单方面强调了劳动者的意思表示和对合同期限的选择权。由此可以看出，新法已经摒弃了旧法关于合意的要求，赋予了劳动者单方面的强制缔约权。对于《中华人民共和国劳动合同法》第十四条第二款第（三）项中的续订劳动合同，只能解释为是一种事实行为而不包含续订合同的合意在里面，即该处的续订只是针对已经签订两次固定期限劳动合同的事实而言，无固定期限劳动合同是之前固定期限劳动合同的一种延续，而不是当事人双方就无固定期限劳动合同进行续订的协商。法律条文前后措辞的改变，意味着国家已直接通过强制性的规定来保证无固定期限劳动合同的续签，以实现劳动法对劳动者倾斜保护的理念。

仔细比对劳动合同法第十四条、第四十四条的关系，可以发现第十四条的强制续签制度已经吞并了第四十四条的法定终止制度，第四十四条规定的劳动合同期满终止制度并不当然适用于无固定期限劳动合同签订的场合，否则，劳动合同法又回到了劳动法的旧轨上，只要用人单位以到期终止为由解除劳动关系即可，规定再多的强制也无济于事。

上述分析显示，至少在法律层面，我国劳动合同法已经确立了一套颇具特色的无固定期限劳动合同续签制度。

③案例延伸思考：强制续签的实际执行问题。

正如本案发生的情况，如果固定期限劳动合同到期，用人单位依照法定程序要求终止劳动关系而劳动者不同意，该怎么办呢？通过检索现行法律规定，大致有两种解决途径：一是根据劳动合同法第四十八条之规定，用人单位的解除或终止决定违法，劳动者要求继续履行劳动合同的，用人单位应继续履行；二是承认用人单位解除或终止劳动关系的事实，但由于劳动合同已不具备履行条件，则用人单位应支付劳动者违法解除或终止劳动合同的赔偿金。司法实践中已产生大量此类案例，虽然现实执行可能存在偏差，但往往到最后引导出用人单位与劳动者协商一致的处理方式以满足双方的基本需求，真正体现了立法本意和社会效果。

2. 连续两次固定期限劳动合同后用人单位终止劳动关系是否合法

针对该问题，我国在司法审判实践中存在南北方差异。以天津为例，目前对《中华人民共和国劳动合同法》第十四条第（三）项的理解为连续订立二次固定期限劳动合同后，用人单位如无法定情形，则不可以终止，必须订立无固定期限劳动合同。而上海理解为连续订立二次固定期限劳动合同后，如果用人单位选择终止劳动关系，属于合法。

综观劳动法、劳动合同法的立法意图，笔者倾向于第一种处理方式，即连续订立二次固定期限劳动合同后，用人单位如无法定情形，则不可以终止劳动合同，必须订立无固定期限劳动合同。这也符合我国对于劳动者选择签订无固定期限劳动合同的强制缔约的立法本意。

3. 劳动者符合订立无固定期限劳动合同的条件，用人单位维持或提高原劳动合同约定条件与劳动者签订无固定期限劳动合同，劳动者要求更高待遇，拒绝签订怎么办？

（1）《中华人民共和国劳动合同法》第四十六条规定，除用人单位维持或者提高劳动合同约定条件续订劳动合同，劳动者不同意续订的情形外，劳动合同期满时，终止固定期限劳动合同的，用人单位应当向劳动者支付经济补偿。

（2）上述条款表达的另一层含义是，用人单位维持或者提高劳动合同约定条件续订劳动合同，劳动者不同意续订的，劳动合同可以终止，且用人单位无需支付经济补偿，但该层含义仅针对的是固定期限劳动合同。

（3）对于用人单位维持或提高原劳动合同约定条件与劳动者签订无固定期限劳动合同，劳动者要求更高待遇情形，法律并无明确规定。笔者认为，符合订立无固定期限劳动合同时，用人单位在维持或提高劳动合同约定条件续订劳动合同，此行为已经完成了法律对用人单位的规定义务，如果劳动者以更高待遇为由拒绝签订，法律当然不能再行保护其权利，此时，用人单位可以终止与劳动者之间的劳动合同，且无需支付经济补偿。

4. 规避订立无固定期限劳动合同的常见方法的法律风险分析

（1）变更劳动合同签订主体。

法定代表人可以成立两个及以上具有独立法人资格的公司，看准人才后与甲公司签订2至3年劳动合同。甲公司合同期满后，由乙公司与劳动者订立劳动合同2至3年。

此种方式在司法实践中并非一劳永逸的。首先从劳动仲裁和司法层面对于"非因劳动者本人原因"已经有了比较明确的界定，劳动者非因本人原因从原用人单位被安排到新用人单位工作，原用人单位未支付经济补偿，劳动者依照劳动合同法第三十八条规定与新用人单位解除劳动合同，或者新用人单位向劳动者提出解除、终止劳动合同，在计算支付经济补偿或赔偿金的工作年限时，劳动者请求把在原用人单位的工作年限合并计算为新用人单位工作年限的，法律是予以支持的。而对于认定属于"劳动者非因本人原因从原用人单位被安排到新用人单位工作"的具体情形包括：①劳动者仍在原工作场所、工作岗位工作，劳动合同主体由原用人单位变更为新用人单位；②用人单位以组织委派或任命形式对劳动者进行工作调动；③因用人单位合并、分立等原因导致劳动者工作调动；④用人单位及其关联企业与劳动者轮流订立劳动合同；⑤其他合理情形。

其次，变更劳动合同签订主体虽然可能在一定期限内回避订立无固定期限劳动合同问题，但在甲公司劳动合同期满后不予续签的结果，必然导致甲公司向劳动者支付终止劳动合同经济补偿，虽然劳动者与乙公司新订立劳动合同从而引发工作年限的延续，但随着工资水平处于不断提高的情况下，劳动者与乙公司解除或终止劳动合同时的补偿成本只会增加，同时该种方式只能避免第一次劳动合同在一定期限内被排除，当然乙公司与劳动者合同到期后，甲公司又与劳动者订立劳动合同，如此循环往复，增加的是工作负担，降低的是工作效率，而与无固定期限劳动合同实无本质区别。

（2）评估工作已近 10 年的员工。

如认为工作近 10 年的员工能力突出，业绩不菲，值得留用，则续签合同留用。工作能力和业绩能力平庸，对用人单位无关紧要，不值得留用，则应在满10 年以前，以适当方式辞退。

此种方式在实践中并无新意，而且随着用人单位变迁的加速及经济发展的多样性，劳动者已经不再满足于一成不变的生活方式，况且如何建立一套行之有效的考核评估制度，是现今诸多用人单位与法律规定脱节的关键点，对此笔者将在后文另行阐述。

（3）订立合同选择合理期限。

首次劳动合同可以约定期限 2 至 4 年，劳动合同期满前，应对其能力、业绩进行评估，慎重决定是否续签劳动合同，避免二次劳动合同期满后的无固定期限劳动合同。如果值得续签，二次劳动合同期限应当尽量长一些。

实践表明，用人单位拒绝与劳动者续签劳动合同的成本远远大于续签的成本，况且在订立无固定期限劳动合同后，如果出现《中华人民共和国劳动合同法》第三十九条、第四十条、第四十一条规定情形，用人单位仍然可以解除与劳动者之间的劳动合同。

（4）建立无固定期限劳动合同管理机制。

①将劳动合同期限与工作岗位期限分别设置，便于工作岗位期满合理调整其工作岗位。

②将劳动报酬分为基本工资和绩效工资，降低前者，提高后者，避免消极怠工。

③建立激励奋进机制，促进员工持续攀登一个又一个新台阶，最大限度展示积极性、主动性、创造性，他们自然会自动加班加点拼搏，用人单位无需支

付自愿加班加点费用。

④充实完善绩效考核机制，严格按季度、半年、年度考核，为用人单位辞退不能胜任工作的员工提供确凿证据。

⑤某些用人单位可以采用人事工作外包方式，达到省心、省力、省钱的效果。

⑥无固定期限劳动合同不是"铁饭碗、铁交椅"，只要符合劳动合同解除的法定条件，无固定期限劳动合同照样可以解除。

其他如适当运用劳动合同变更规定，即只要协商一致，固定期限亦可以变更为无固定期限，无固定期限亦可以变为固定期限。工作内容、劳动报酬、劳动条件、违约责任等，均可在用人单位发生困难时协商一致变更，改为劳务派遣用工，即劳动合同期满前告知劳动者，在岗位、职务、工作内容、劳动报酬不变的情况下，改为与劳务派遣公司签订劳动合同。有特殊贡献者事后还可以再收回来，当然，以上方式均不能成为规避签订无固定期限劳动合同的有效方法，因为在现行法律体制下，无固定期限劳动合同订立条件实为红线地雷，这就要求用人单位以守法合法为宗旨，方为经营之上策。

关键点提示　无固定期限劳动合同不代表"铁饭碗"，如果出现《中华人民共和国劳动合同法》第三十九条、第四十条、第四十一条、第四十二条、第四十四条规定情形时，用人单位与劳动者之间的无固定期限劳动合同仍可以解除或终止。

第四环节　劳动合同解除及终止中的十三个风险点

劳动争议案件中所占比例最高的争议案由即劳动合同的解除和终止问题，其根本原因在于劳动合同的解除和终止中涉及合法与违法问题，而合法中又涉及应支付经济补偿和不应支付经济补偿的情形，违法中又涉及应支付赔偿金和继续履行劳动合同的问题，因此该环节涉及的内容始终属于争议高发地带。

风险点一：如何认定劳动者试用期不符合录用条件

1. 试用期如何约定

（1）试用期期限与劳动合同期限挂钩。

劳动合同期限三个月以上不满一年的，试用期不得超过一个月；劳动合同期限一年以上不满三年的，试用期不得超过二个月；三年以上固定期限和无固定期限的劳动合同，试用期不得超过六个月。这里的"以上"包括本数，"不满"不包括本数。

（2）试用期只能试用一次。

①试用期不合格但还想继续观察怎么办？

试用期是用人单位考察劳动者是否符合录用条件、劳动者考察用人单位是否适合自己的期限。劳动者试用期满，经试用不合格，用人单位可以解除劳动合同。但经用人单位与劳动者双方协商一致的，也可以变更劳动合同，延长试用期限。不过，延长后的试用期限不得违反《中华人民共和国劳动合同法》第十九条关于试用期期限的规定。

②员工升值或岗位调动怎么办？

试用期调整工作岗位的情况和试用期满以后调整工作岗位的情况在法律适用上是完全相同的，都适用劳动合同法中的两个条款：第一个条款是，用人单位涉及员工利益的变更需要和员工协商一致，否则调整工作岗位无效；第二个条款是，如果员工不能胜任工作岗位的，用人单位可以调整工作岗位或者进行培训，使用不能胜任工作岗位的法律规定，如此一来，就需要用人单位举证证明用人单位提供的工作岗位是什么，员工确认的胜任工作岗位的条件是什么，用人单位举证证明员工不能胜任的考核结果和对应的证据，然后才涉及用人单位可以调整工作岗位。

至于试用期和转正的正式员工的区别只在于，如果试用期间单位有证据证明员工不符合录用条件的，用人单位可以解除员工的劳动合同。此处的法律是不符合录用条件，当然，用人单位的录用条件是什么需要用人单位明示，录用条件可以包括是否胜任工作岗位，也可以包括非胜任工作岗位的条件，比如其他的考核标准，当然，其他标准的确认需要在员工入职时给予员工明示。

（3）不能约定试用期的情形。

①以完成一定工作任务为期限的。

②劳动合同期限不满三个月的。

③非全日制用工。

（4）试用期不能单独设立。

试用期不是劳动合同中的法定条款，可以约定也可以不约定。而如果约定试用期，则只能在劳动合同中约定，劳动合同是试用期存在的前提条件。不允许只签订试用期合同，而不签订劳动合同。这样签订的试用期合同是无效的。但试用期合同的无效，并不导致劳动法对劳动者的保护失效。

案例 1　王某应聘到一家公司，公司与他签订了一份试用期合同，约定试用期为 3 个月，月工资为 2000 元，试用合格转正后再签订正式劳动合同，月工资为 3000 元，并缴纳社会保险费；在试用期间，双方都可随时解除劳动关系，对方不得提出异议。两个月以后，公司以王某试用期间不符合录用条件为由，提出解除劳动关系。

分析　现实中很多用人单位采取先试用、后签订劳动合同的方式，这种做法是违反《中华人民共和国劳动法》《中华人民共和国劳动合同法》及相关法律、法规之规定的。本案中，用人单位与王某在试用期合同中约定：试用期满转正签订劳动合同后再为王某缴纳社会保险费，这种做法也是错误的。按照《中华人民共和国劳动合同法》的规定，劳动关系自用工之日起建立，建立了劳动关系，劳动者就立即拥有享受社会保险的权利。因此，对于用人单位而言，试用期不是"逃保"期，更不是劳动者的"白干期"，用人单位必须依法为劳动者足额缴纳社会保险费并支付劳动者工资。

（5）试用期待遇。

①试用期的工资待遇不能低于本单位同岗位最低档工资或劳动合同约定的工资的80％；②试用期的工资待遇不能低于国家规定的最低工资标准。

案例 2 刘某于2008年12月16日进入某化工公司工作，当日，该化工公司即与刘某订立了书面劳动合同，期限为2008年12月16日至2009年12月15日。劳动合同约定，刘某试用期每月工资为1750元，试用期满后每月工资2150元、其他补贴每月350元，试用期3个月。2009年6月30日，该化工公司以刘某不能胜任工作为由解除劳动合同。

分析 本案中，该化工公司与刘某之间的劳动合同期限为一年，但约定了3个月的试用期，显然违反法律规定，根据《中华人民共和国劳动合同法》第十九条规定，劳动合同期限一年以上不满三年的，试用期不得超过二个月，因此刘某的第三个月工作期不应为试用期，该化工公司也不能按刘某试用期的工资待遇标准进行工资发放。再来看该化工公司所支付刘某的试用期工资1750元，确实不低于当时所在地的最低工资标准，该条件吻合，但再看刘某试用期满后的月工资，除了2150元外，350元补贴亦属于其工资范畴，以刘某试用期工资1750元／（2150元＋350元）＝70％，显然该化工公司支付的刘某试用期工资低于劳动合同约定的月工资80％的规定，该条件不吻合，由此该化工公司应补发刘某试用期工资差额［（2150＋350）×80％－1750］×2＝500元，应补发刘某第三个月工资差额2150＋350－1750＝750元，对于不能胜任工作问题另行分析。

2. 试用期哪些情形可以解除劳动合同

（1）劳动者有下列情形之一的，用人单位有权解除劳动合同时无需支付经济补偿或赔偿金。

①在试用期间被证明不符合录用条件的；②严重违反用人单位的规章制度的；③严重失职，营私舞弊，给用人单位造成重大损害的；④劳动者同时与其他用人单位建立劳动关系，对完成本单位的工作任务造成严重影响，或者经用人单位提出，拒不改正的；⑤劳动合同被认定无效的；⑥劳动者被依法追究刑事责任的。

（2）劳动者有下列情形之一，用人单位解除劳动合同时需支付经济补偿金，除用人单位裁员外，其他的解除劳动合同的情形均需提前30天通知或支付1个月的代替通知金。

①劳动者患病或者非因工负伤，在规定的医疗期满后不能从事原工作，也不能从事由用人单位另行安排的工作的。

②劳动者不能胜任工作，经过培训或者调整工作岗位，仍不能胜任工作的。

③劳动合同订立时所依据的客观情况发生重大变化，致使劳动合同无法履行，经用人单位与劳动者协商，未能就变更劳动合同内容达成协议的。

④裁员的。

3. 如何在试用期内解除劳动合同

（1）劳动者自行提出解除劳动合同。

法律赋予了劳动者在试用期内可以提出解除劳动合同的权利，但必须提前三天提出，以口头或书面等方式均可。然而，现实生活中，如果劳动者未能依法提前三天提出解除劳动合同，用人单位是否有拒绝的权利，法律并未予以明确，即使规定恐怕也很难执行，因为用以阻止劳动者离开的手段并不多。如果用人单位以劳动者的上述行为给其造成实际损失的举证极难完成。

（2）用人单位与劳动者协商一致解除劳动合同，此种解除劳动合同的方式最为和谐，且无法律限制。

（3）用人单位单方面提出解除劳动合同。

《中华人民共和国劳动合同法》第三十九条规定，劳动者在试用期间被证明不符合录用条件的，用人单位可以解除劳动合同，且无需支付经济补偿或赔偿金。

案例3 常某于2014年8月18日进入某电子公司从事电火花技师工作，双方劳动合同期限自2014年8月18日至2017年12月31日，试用期自2014年8月18日至2015年2月18日。常某入职时签署的《工作承诺书》中记载，该电子公司根据《技师绩效考核制度》对常某进行绩效考核。2014年11月8日，常某在进行模仁放电加工时，误将模仁击穿，导致结果是必须对模仁孔洞进行修补及二次放电。常某认可上述事故并确认模仁放电加工是电火花技师的基本技能。2014年11月10日，该电子公司依据其《技师绩效考核制度》对常某进行试用期工作表现考核，常某在工作能力、工作态度、适应能力、言行举止、提升空间等方面的考核总成绩为 42 分，考核结果为"不胜任岗位""终止试用期，解除劳动合同"。该电子公司遂决定于 2014 年 11 月 10 日解除与常某之间的劳动合同，理由是试用期不合格。常某不认可该电子公司解除劳动合同的理由。

分析 ①用人单位应该如何制定试用期的考核标准？

前文已对录用条件进行了分析，但确定劳动者是否符合录用条件的程序要求极其重要，也就是说，用人单位应制定完善的考核或评价机制。首先，该考核机制应以规章制度方式予以明示或告知，并符合民主程序的制定要求。其次，用人单位应客观设定评价机制，即从参与评价人员范围、评价手段、评价结论、告知等程序上严格把关，其中评价手段可以采取考试、评分等方式，并设定等级，如 A、B、C、D、E 级别或优秀、称职、合格、不合格等诸多结构性层次，用以确定任何一级别或结论为不符合录用条件。

②员工不认可试用期考核，拒绝签字，是否表明考核未完成或证明力缺失？

现实中，即使完善了考核或评价机制，劳动者往往也拒绝接受或签字，如此是否表明考核未完成或证明力缺失？作者认为，一个完善的考核或评价机制本身即是对劳动者最负责的方式，如果用人单位能够在日常管理中从严执行其规章制度，劳动仲裁或司法机关应当予以尊重。

4. 试用期"一次试用"的理解与运用

对于这一点目前有两种不同的理解。第一种理解是，劳动者是原来的劳动者，用人单位也是原来的用人单位，同一劳动者和同一用人单位不能够约定第二次试用期。即使是劳动者离职后再次入职也同样要遵守此一规定。第二种理解是，只能约定一次试用期是指同一劳动者与同一用人单位在劳动关系延续期间，不能再次约定试用期，离职后再次应聘的不在此限，可以重新约定试用期。

实践中，对于第二种理解是正确的。纵观整个劳动法律，其始终关注的是一个连续的劳动，对于那些离职后进入其他用人单位的劳动者，其劳动关系为新的劳动关系，同样受劳动法的关注。当劳动者再次离开新的用人单位回到原来的用人单位时，这意味着新旧用人单位的转换，也意味着新一段的劳动关系的开始。劳动者在用人单位之外停留的一段时间中其身体状况、思想品德等是否改变，技能、能力是否得到增长、提高或者用人单位的工作环境、压力等情况是否得到改变，这都是双方需要重新考虑的因素。如果越俎代庖地代理劳动者或者用人单位放弃试用期的再次磨合，是不是也意味着剥夺了双方的权利？如果从劳动者的角度考虑，其在试用期的任意解除权受到了极大的伤害，一旦原用人单位不再是以前的用人单位而要离开时，其摆脱束缚的压力很大。

"劳动合同期限自然终止"为"不得再次约定试用期"的条件之一。当然，适用该条款也存在一定的条件，即是"劳动合同期限自然终止"，不适用于一方解除劳动合同后而形成的终止。即当劳动者 A 与用人单位 B 依法单方解除劳动合同后，在同一时间上再次进入用人单位处工作的情况，该种情况下仍然可以再次约定适用期。"新旧劳动关系连续存在"为"不得再次约定试用期"的条件之二。对于劳动合同自然终止的，劳动者如继续在用人单位工作，此时不得再次约定试用期。如果劳动者表示不再继续在用人单位处工作而要另谋高就或者有其他目的的，一段时间后，如再次回到用人单位处，用人单位仍然有权再次约定试用期。但对某些特殊情况，如劳动者与用人单位已经明确要继续保持劳动关系，只不过劳动者要求过一段时间再回到工作岗位如回家探亲，只要用人单位与劳动者有继续保持劳动关系的意思表示，用人单位即不得在此段继续保持劳动关系的承诺实现时再次约定试用期。

案例 4 甲于 2009 年 1 月入职乙公司，工作岗位为招聘专员，双方签订了劳动合同。劳动合同约定：试用期为 3 个月，劳动合同期限 3 年，自 2009 年 1 月 1 日起至 2011 年 12 月 31 日。之后，双方于 2009 年 11 月 15 日经协商一致，解除了劳动合同关系。

后甲于 2011 年 3 月 15 日再次入职乙公司，工作岗位为高级招聘专员，双方签订了劳动合同。劳动合同约定：试用期为 3 个月，劳动合同期限为 3 年，自 2011 年 3 月 15 日至 2014 年 3 月 15 日止；每月工资 7000 元。后双方于 2011 年 10 月 31 日以协商方式解除劳动合同关系并支付了经济补偿金。甲向劳动仲裁委申请仲裁，要求乙公司支付双方于第二次劳动合同中约定的试用期的赔偿金，即 2.1 万元。

分析 本案争议焦点为第二次试用期约定是否违法并支付双倍工资的赔偿金。

《中华人民共和国劳动合同法》第十九条第二款规定了"同一用人单位与同一劳动者只能约定一次试用期"。本案中，双方主体均分别符合"同一用人单位""同一劳动者"的要求，但是试用期约定发生于 2 次不同的劳动关系中，是否违反上述法律强制性规定呢？

笔者认为，虽然本案中的用人单位与劳动者均无变化，但由于双方在 2009 年和 2011 年分别建立了两次劳动关系，而劳动者所从事的岗位和要求并不一致，对于用人单位来说，其重新聘用该劳动者的出发点亦不相同，此时用人单位为满足其不同的岗位条件而设定新的试用期是有充足的理由和法律依据的，故此种情形不应成为只能约定一次试用期的限制结论。

关键点提示　（1）劳动者在试用期内，用人单位并非可以随意解除劳动合同，只有证明劳动者不符合录用条件，此时的解除方可成立且无需支付经济补偿，否则劳动者可以选择继续履行劳动合同。

（2）用人单位以劳动者在试用期内被证明不符合录用条件为由解除劳动合同，应同时符合以下条件。

①用工之前已经向劳动者告知录用条件；②录用条件应当符合劳动合同目的，与工作岗位、工作能力相联系，不存在设定明显不能完成的、超过一般劳动者平均水平的条件，不存在歧视性条件，不违反法律法规的规定；③劳动者被证明不符合录用条件，且用人单位在试用期满之前明确通知劳动者解除劳动合同。

风险点二：劳动者不辞而别，HR 不能置之不理

案例 5　员工周某于 2011 年 9 月到某公司任职，双方签订了为期 3 年的劳动合同。周某在该公司工作一年多后，突然"人间蒸发"，既没有履行请假手续，也没有递交解除劳动合同申请，甚至没有领取劳动报酬，还更改了联系方式。在无法与周某本人取得联系的情况下，该公司只是停缴了周某的社会保险。半年后，周某找到用人单位，要求继续履行劳动合同，支付劳动报酬，补缴社会保险。用人单位拒绝了周某的要求，周某遂提出劳动仲裁申请。

分析　①员工"不辞而别"，是否表明劳动合同解除？

劳动合同的解除需基于法定事由或一方（含双方）当事人的意思表示，在劳动者或用人单位均未明确作出解除或终止劳动合同的意思表示的前提下，劳动合同并不当然解除或终止。本案中，周某既未履行请假手续，也未提交解除

劳动合同申请，此时用人单位未针对周某的行为做出任何后续处理，因此双方劳动合同并未解除，以致双方长期处于不提供劳动不发放报酬却存在劳动关系的情形。

因此，在劳动者不辞而别的情况下，由于劳动者没有办理请假或辞职的合法手续，用人单位完全可以作旷工处理，旷工天数达到可以解除的严重程度时，可依据规章制度作出解除决定，并将解除通知送达员工方为有效。

综合上面的重点，员工不辞而别时用人单位解除劳动合同的环节：劳动者不辞而别—书面处理决定—征求工会意见（若有工会）—寄送解除通知—若无法送达则登报声明—办理退工退档。

②用人单位可否依据规章制度中规定的"视为自动离职"进行处理，即直接停缴保险、停发工资、办理退工退档手续？

现实生活中，大量用人单位在其规章制度中设定了如"视为"用语条款，自以为发生了如劳动者不辞而别或其他违纪行为后，用人单位即可依据该种规章制度的规定"视为员工违纪"，进而直接停缴保险、停发工资或办理退工退档手续。必须说明的是用人单位此种规定在劳动仲裁和司法实践中是绝不被认同的。法律赋予了用人单位制定和执行规章制度的权利，同时也要求用人单位在制定和执行规章制度时必须履行必要的法定程序。

③用人单位可否以该员工未提前通知，给用人单位造成损失，如寻找替代员工、进行入职培训、生产受影响等单方解除劳动合同？

《中华人民共和国劳动合同法》第九十条规定，劳动者违反本法规定解除劳动合同，给用人单位造成损失的，应当承担赔偿责任。但实践中用人单位对此所承担的举证责任相当重，也就是说如果没有直接能够证明因为劳动者的行为导致用人单位受到损失的证据，则劳动仲裁机构和司法机关很难支持该类主张。

风险点三：用人单位与劳动者协商一致解除劳动合同，难道就安全了吗

案例6　郭某与某超市在履行劳动合同过程中就协商解除劳动合同达成协议，约定于 2014 年 12 月 31 日解除劳动关系，郭某的工资、社保结算至 2014

年 12 月 31 日，该超市于 2015 年 2 月 17 日向申请人支付经济补偿金及其他费用共计 41907.32 元，双方并约定上述金额为超市应向郭某支付的全部费用，包括但不限于经济补偿金、加班费、年休假费、其他福利及赔偿金等，郭某收到上述全部费用后，双方之间不存在其他任何劳动争议。2015 年 2 月 10 日，该超市为郭某开具了解除劳动关系通知书。双方均确认，2015 年 2 月 10 日双方就协商解除劳动关系达成一致并开具了解除劳动关系通知书及签订了《协商解除劳动合同协议书》。

案例 7　范某自 2001 年 10 月进入某盐业公司从事市场部经理工作。双方自 2010 年 1 月 1 日开始履行无固定期限劳动合同。2014 年 7 月 21 日，经该盐业公司提出，双方协商一致解除劳动合同，并签订了协商解除劳动合同协议书，约定于 2014 年 7 月 25 日解除劳动合同，由该盐业公司支付范某经济补偿 35000 元。范某在收到上述经济补偿后，发现还有加班费、未休年假工资没有计算在内，遂申请劳动仲裁。

分析　①劳动者提出，双方协商一致解除劳动合同，用人单位是否应支付经济补偿金？

根据《中华人民共和国劳动合同法》第三十六条规定，用人单位与劳动者协商一致，可以解除劳动合同。第四十六条规定，用人单位依照《中华人民共和国劳动合同法》第三十六条规定向劳动者提出解除劳动合同并与劳动者协商一致解除劳动合同的，用人单位应当向劳动者支付经济补偿。而对于劳动者提出后经与用人单位协商一致解除劳动合同的，用人单位在法律上并无支付经济补偿的义务，当然此时不影响用人单位主动给付劳动者补偿，但劳动者绝不可能通过法律获得支持，也不能享受失业金待遇。

②用人单位与劳动者协商解除劳动合同时，是否需提前通知劳动者，是否表明即使协商不成也意味着用人单位已经做出与劳动者解除劳动合同的意思表示？

对于此点，法律并未规定用人单位提前通知的义务，协商本身即意味着谈判的过程，谈成了则双方可办理解除劳动合同的相关手续，谈不成则不能直接认定为用人单位已经做出与劳动者解除劳动合同的意思表示，除非此时劳动者有充足的证据证明用人单位确定解除与其之间的劳动合同。

③劳动者与用人单位协商解除劳动合同后，用人单位未依约支付经济补偿

金等款项，会出现什么后果？

首先，用人单位在与劳动者订立的协商解除劳动合同协议书中无论达成任何条件，绝不能忽略一个非常重要的环节，即兜底条款如"双方此后再无任何劳动争议"的内容。而对于协商一致所约定的补偿金等数额，劳动者与用人单位就解除或者终止劳动合同办理相关手续、支付工资报酬、加班费、经济补偿或者赔偿金等达成的协议，不违反法律、行政法规的强制性规定，且不存在欺诈、胁迫或者乘人之危情形的，应当认定有效。此时，关键一方面在于如工资、补偿金等数额不违反法律、行政法规的强制性规定，另一方面在于是否存在欺诈、胁迫或者乘人之危情形，两者缺一不可，否则劳动仲裁或司法机关必然会尊重当事人双方在意思表示一致基础上的协议。

其次，在双方已达成协商解除劳动合同协议书后，用人单位违反协议约定的后果是劳动仲裁或司法机关按照协议约定内容裁判用人单位予以履行，除非有证据证明该协议存在欺诈、胁迫或者乘人之危情形，或者是协议约定了如一方不履行该协议失效等内容。

④用人单位与劳动者协商解除劳动合同后，未及时办理离职交接手续，会出现什么后果？

司法实践中，劳动争议受理范围对《中华人民共和国劳动争议调解仲裁法》第二条规定的内容予以了扩大化解释，因此对于未享受养老、医疗、失业、工伤保险待遇而给劳动者造成损失或因未转移社会保险关系、档案而给劳动者造成的实际损失，已经纳入劳动争议受理范围，因此用人单位应在双方协商解除劳动合同后及时为劳动者办理社会保险关系和档案转移手续，此期限为十五天，同时，及时为劳动者出具解除或终止劳动关系的证明，并在出具上述证明后的七日内将失业人员名单报社会保险经办机构备案。

风险点四：劳动者提前三十天书面提出或试用期内提前三天口头提出解除劳动合同，HR 不要有漏洞

在实践中主要存在以下三种情况。

（1）劳动者提前三十日以书面形式通知用人单位，可以解除劳动合同。

当劳动者提出解除劳动合同时，用人单位应注意。

①劳动者是否以书面形式提出。

②劳动者的书面辞职报告中是否注明了解除理由，若以个人、职业规划、家庭、路途等原因提出，用人单位大可不必担心，但是若劳动者以用人单位克扣工资、加班费或未依法缴纳社会保险等为由，HR就要小心了。

（2）劳动者在试用期内提前三日通知用人单位，可以解除劳动合同。

（3）当劳动者提出解除劳动合同时，实践中，用人单位一般是无法阻止的，即使用人单位拒绝办理社会保险和档案转移手续、拒绝出具解除劳动关系通知书，也是徒劳的，劳动者此时可以通过申请劳动仲裁来要求用人单位办理上述手续。

风险点五：当用人单位拖欠劳动者工资、加班费或未依法缴纳社会保险时，劳动者是可以主张解除劳动合同并要求经济补偿的

根据《中华人民共和国劳动合同法》第三十八条规定，用人单位有下列情形之一的，劳动者可以解除劳动合同。

（1）未按照劳动合同约定提供劳动保护或者劳动条件的。

（2）未及时足额支付劳动报酬的。

（3）未依法为劳动者缴纳社会保险费的。

（4）用人单位的规章制度违反法律、法规的规定，损害劳动者权益的。

（5）因本法第二十六条第一款规定的情形致使劳动合同无效的。

（6）法律、行政法规规定劳动者可以解除劳动合同的其他情形。

用人单位以暴力、威胁或者非法限制人身自由的手段强迫劳动者劳动的，或者用人单位违章指挥、强令冒险作业危及劳动者人身安全的，劳动者可以立即解除劳动合同，不需事先告知用人单位。

笔者将上述6种情形称为劳动者可以解除劳动合同并可依法获得经济补偿的单方解除权，实践中出现最多也是争议最大的是未及时足额支付劳动报酬的，未依法为劳动者缴纳社会保险费的。司法实践中对于劳动者提出解除劳动合同的方式有了比较统一的认识，即劳动者必须以书面形式提出解除劳动合同，且需明确上述法律规定的解除理由。而对于如劳动者在解除时所表述的如个人原

因、职业发展等理由，即使在其提出解除前确存在用人单位违法情形的，也不会支持劳动者的主张。

案例8　宋某自2010年2月25日进入某轮胎公司从事模具加工科副科长工作。宋某与该轮胎公司最后一次劳动合同期限自2012年4月2日至2015年4月1日止。2014年7月24日，宋某书面提出解除双方之间的劳动合同，理由是该轮胎公司拖欠工资、加班费、冬季取暖补贴、防暑降温费、带薪年休假工资。该轮胎公司提供的2013年8月至2014年7月期间的考勤记录表显示，宋某延时加班2小时、休息日加班182小时（其中调休20天），并确认未支付宋某加班费及部分工资、冬季取暖补贴、防暑降温费、带薪年休假工资。该轮胎公司同意支付宋某上述各项费用合计3万元。

分析　对于未及时足额支付劳动报酬，存在以下几种不同情况。

①劳动者提出解除后，申请劳动仲裁前，用人单位补发了工资。

司法实践中，对于此类问题审查的前提是用人单位是否克扣或无故拖欠，若用人单位在劳动者提出解除劳动合同时确属存在支付工资困难，如账户被查封、资金无法及时周转等客观情况，而在劳动者申请劳动仲裁前足额支付完毕，劳动仲裁机构或司法机关将视情况审慎处理此类案件，即不支持劳动者要求支付经济补偿的请求，但此类情形需用人单位承担较重的举证责任。

②用人单位未按照劳动合同约定的时间支付劳动者工资，而在劳动者提出解除劳动合同后予以支付。

对于此种情形存在较大争议，如当事人双方在劳动合同中约定每月7日支付工资，用人单位一直严格按照合同约定支付，但就在某月用人单位延后支付工资导致劳动者提出解除劳动合同并主张经济补偿。某些劳动仲裁机构或司法机关认为应严格遵照劳动合同约定的时间履行，出现迟延应由用人单位承担责任，但笔者认为此举不妥，对待工资除考虑克扣或无故拖欠之外，还需考虑工资支付周期问题，如果单纯以劳动合同约定时间界定用人单位的责任和劳动者的权利，无异于杀鸡取卵，对于整个劳动关系的稳定处理并无益处。

③用人单位拖欠加班费或未足额支付加班费。

司法实践中，加班费属于劳动报酬，从法律法规体系上是不存在争议的，但由于加班费存在其特殊性，因此我国各地对于加班费是否存在时效争议不断。

部分劳动仲裁机构或司法机关认定加班费受一年仲裁时效限制，部分劳动仲裁机构或司法机关以用人单位应保留两年以上工资台账为由认定支持二年。无论何种观点均不影响拖欠或未足额支付加班费所赋予劳动者的单方解除劳动合同的权利，但确实受时效限制为统一观点。

④用人单位低于当地最低工资标准支付劳动者工资的。

劳动法、劳动合同法等相关法律、法规之规定均明确规定了用人单位给予劳动者的工资待遇不得低于当地最低工资标准。因此，用人单位低于当地最低工资标准支付劳动者工资的，此种情形属于劳动者享有单方解除劳动合同的权利范畴，理由即支付劳动者的工资不得低于当地最低工资标准属于用人单位的法定义务。

⑤未支付取暖补贴、防暑降温费、未休年假工资报酬等是不是解除劳动合同成立并获得经济补偿的依据？

根据《国家统计局关于认真贯彻执行〈关于工资总额组成的规定〉的通知》所赋予的工资总额含义可知，诸如取暖补贴、防暑降温费、未休年假工资报酬、电话补助、交通补助等性质为福利，不属于工资范畴，因此劳动者依此为由提出解除劳动合同并主张经济补偿，不被法律支持。

案例9 房某自2014年2月进入某房地产开发公司从事资料员工作。2015年5月25日，房某口头表示，其解除与该房地产开发公司之间的劳动合同，双方产生纠纷，房某向劳动仲裁机构申请劳动仲裁。仲裁庭审时房某表明其解除劳动合同的理由是该房地产开发公司一直未为其缴纳各项社会保险。该房地产开发公司表示，是房某口头提出解除劳动合同，但当时说的理由是个人原因，并确认未给房某缴纳社会保险。故房某向劳动仲裁机构申请劳动仲裁主张解除劳动合同经济补偿。

分析 ①未依法缴纳社会保险是否受劳动仲裁时效约束？

司法实践中，无论是劳动仲裁机构还是司法机关均不受理针对社会保险缴纳的请求，但基于未依法缴纳社会保险导致劳动者解除劳动合同确属于劳动仲裁受理范围，根据《中华人民共和国劳动争议调解仲裁法》第二十七条之规定，除存在其他情形，劳动争议申请仲裁的时效期限为一年，仲裁时效期间从当事人知道或者应当知道其权利被侵害之日起计算。虽然实践中对于社会保险已被排除在劳动仲裁案件受理范围之外，但认定是否依法缴纳社会保险时仍按一年时效处理，因此对于超过一年时效的，即使确存在未依法缴纳社会保险情形，也是不支持劳动者经济补偿的。

②如何认定用人单位未依法缴纳社会保险？

劳动者以用人单位未建立社会保险关系、无正当理由停缴社会保险费，或者社会保险费缴费基数不符合法律规定为由解除劳动合同，并请求用人单位支付经济补偿金，用人单位对此有过错的，属于《中华人民共和国劳动合同法》第三十八条第一款第三项规定的情形，将支持劳动者的主张。

劳动者主张社会保险费缴费计算不符合法律规定，应当提供社会保险征缴部门或者劳动监察部门出具的限期补缴通知书或者限期整改指令书等证据予以证明，且必须是用人单位未能在限期内补缴的，劳动者以此为由解除劳动合同，方可支持经济补偿。

③员工同意不缴纳社会保险后，又以此为由解除劳动合同，用人单位是否应支付经济补偿？

司法实践中对于用人单位通知劳动者转入社会保险，而因劳动者本人原因未能转入，劳动者以用人单位未缴纳社会保险费为由主张经济补偿的，将不被支持，但尚有两种可能性。一是劳动者的社会保险关系可以转入但劳动者拒绝转入的，不支持经济补偿；二是劳动者的社会保险关系压根不能转入的，则支持经济补偿。

对于用人单位与劳动者约定无需参加社会保险或将社会保险费直接支付给劳动者，劳动者事后反悔并明确要求用人单位为其办理社会保险手续及缴纳社会保险费，并已提供参保手续的，如用人单位在下一个社会保险参保缴费周期内拒不办理的，则支持经济补偿。

此外，用人单位为劳动者缴纳社会保险，这是法律明确规定的用人单位的法定义务，该法定义务是不允许用人单位与劳动者通过约定来予以改变的，即使劳动者自愿放弃社会保险的缴纳，也不能免除用人单位应为劳动者缴纳社会保险的法定义务。因此，若劳动者自愿同意不缴纳社会保险，但事后又以此为由解除劳动合同，并要求用人单位支付经济补偿金，是可以得到支持的。

风险点六：如何利用好劳动者的过错来解除劳动合同，是 HR 必须要领悟的关键

根据《中华人民共和国劳动合同法》第三十九条规定，劳动者有下列情形之一的，用人单位可以解除劳动合同。

（1）在试用期间被证明不符合录用条件的。

（2）严重违反用人单位的规章制度的。

（3）严重失职，营私舞弊，给用人单位造成重大损害的。

（4）劳动者同时与其他用人单位建立劳动关系，对完成本单位的工作任务造成严重影响，或者经用人单位提出，拒不改正的。

（5）因本法第二十六条第一款第一项规定的情形致使劳动合同无效的。

（6）被依法追究刑事责任的。

笔者将此 6 种情形称为用人单位可以解除劳动合同且无需支付经济补偿或赔偿金的单方解除权，下面逐一分析。

1. 劳动者试用期不符合录用条件

案例 10 劳动者试用期不符合录用条件解除劳动合同。

甲公司新开发一产品，为打开市场，欲招聘一销售经理，招聘广告中规定必须符合："大学本科以上学历、三年以上同行业工作经历、吃苦耐劳、有进取心及较强开拓市场的能力"，其中前来面试的应聘者乙完全符合"大学本科以上学历、三年以上同行业工作经历"条件，并自称本人在该行业有很多人脉，能协助公司尽快打开销路，两个月的试用期内可以保证不少于 300 万元的销量。甲公司领导见其口若悬河、滔滔不绝，面试印象非常好，于是决定聘请乙为销售经理，合同期限为两年，试用期三个月，底薪为 1.5 万元，试用期满后底薪 2 万元，且有销售提成，但双方并未约定录用条件。岂料三个月试用期快到了，乙完成的销量不足 50 万元，远低于其 300 万元的承诺，还报销了数万元的招待费用。公司领导经深入调查了解，才得知乙所吹嘘的种种情况均为不实之词，且在前一公司就是因为不能胜任工作而被炒了鱿鱼。公司领导一气之下，以其不符合录用条件为由让乙走人。不料乙反而到劳动

仲裁委提起仲裁，要求甲公司支付经济补偿金与代通知金。在庭审中，面对仲裁员询问乙的录用条件是什么，有何证明其不符合录用条件时甲公司的人事经理支吾半天答不出来，显得十分被动，劳动仲裁委员会最终裁决甲公司败诉，并支付乙经济补偿金。

分析　①试用期内用人单位是否可以即时解除劳动合同？如何判定"不符合录用条件"？

自2008年《中华人民共和国劳动合同法》实施后对于试用期内劳动合同解除的限制日趋严格，当然，如果劳动者出现劳动合同法第三十九条规定的其他情形，用人单位可随时解除劳动合同，但是如何判定"不符合录用条件"则从程序和实体上均设定了严格要求，总结起来包括三点：聘用员工时应明确录用条件，职位说明、职位要求、工作标准；试用期内应完善考核或评价标准，以制度予以明确；客观设定评价机制：参与评价人员范围、评价手段、评价结论、告知等。

②用人单位是否可以劳动者不符合转正条件而延长劳动者试用期限？

根据劳动法、劳动合同法及相关法律、法规之规定，对于劳动合同的试用期限有严格设定，因此用人单位若以劳动者不符合转正条件为由或依自身规章制度条款而延长劳动者试用期，显然与法律规定相悖，即使劳动者书面同意延长试用期，也不符合法律规定。

2. 劳动者严重违反用人单位规章制度

现实生活中存在如下几种典型的严重违反规章制度行为：旷工、代打卡、吸烟、打架、偷盗、提供虚假信息、故意毁坏公私财物、擅离职守、收受他人财物、拒不服从工作安排/指挥或调动、累计处罚达到严重违反规章制度的处罚等。

对于用人单位依据严重违反规章制度的实际要求是规章制度的效力；员工违反规章制度的行为是否与规章制度之规定相匹配；员工违反规章制度后，用人单位应在多长时间内进行处罚方能成立。其中规章制度的效力需注意三点。

（1）用人单位内部规章制度的制定、修改是否经过民主程序。

（2）该规章制度是否履行了公示、告知劳动者程序。

（3）规章制度的规定是否与现行法律法规相冲突。

对于用人单位依据严重违反规章制度的程序要求是作出处理决定；征求工

会意见；下发书面处理决定；书面形式通知劳动者；办理档案和社会保险关系转移手续。

案例 11　席某于 1996 年 10 月进入某石油公司工作。2015 年 1 月 5 日，该石油公司以席某旷工为由解除劳动合同。石油公司认为，席某于 2015 年 1 月 4 日及 2014 年 12 月 30 日、31 日旷工，且席某于 2015 年 1 月 5 日书写了"本人于 2014 年 12 月份休病假 3 天，由于上交病假条不及时，违反了公司考勤制度，本人愿接受公司处罚"的说明。

席某表示，其于 2014 年 12 月 29 日当班期间因身体不适，下班后前往医院就诊，医院开出建议休息三天的诊断证明书。席某本应于 2014 年 12 月 30 日上午 9 点正常上班，但因病委托其同事于 2014 年 12 月 31 日上午 8 点 30 分将诊断证明书提交给公司，对于其书写的说明，是因为人事主管要求写的检查，不清楚是否属于违反考勤制度。根据该石油公司规章制度规定，"突发来不及请假，24 小时内补办请假手续，否则视为旷工"。席某与该石油公司产生争议，遂席某诉至劳动仲裁委员会。

分析　①旷工一天即解除劳动合同，该规定是否合理？

对于唯规章制度论，还是规章制度与具体行为相结合论存有争议，因此规章制度中若规定了如"旷工一天可以解除劳动合同"等类似内容，法律并未限制。

②旷工时先罚款后解除劳动合同是否合法？

司法实践中对于"一事不再罚"有了统一认知，这不但符合民法理论原则，也对劳动者的过错处罚比较公正，况且用人单位并无罚款权，因此，先罚款、后解除劳动合同，或既警告又解除劳动合同等多重处罚不可取。

③劳动者不坐班，是否有旷工问题？

劳动者坐班或不坐班并非劳动法、劳动合同法规定范畴，而是用人单位在日常经营中结合自身特点所设定的工作方式，对于劳动者来说无论是否坐班均不影响其按用人单位要求提供工作，因此劳动者不坐班仍然存在旷工问题，但这要求用人单位在考勤管理上必须予以完善，即承担的举证责任较重。

④旷工后，用人单位根据规章制度视为劳动者自动离职是否可行？

用人单位规章制度中大量出现"视为"用语，如视为违反规章制度、视为接受、视为离职等，用人单位的初衷是以员工违纪但规章制度中并无具体条款或虽规定但用人单位未主动做出处罚为由，简化其责任，但现实中此举断不可取，法律法规要求用人单位在劳动者出现违纪行为时应做出相应处罚并告知劳动者。

⑤劳动者旷工后，用人单位是否还应支付工资？

司法实践中对于旷工期间无需发工资已成为统一认识，但对此也有特例，即如果用人单位规章制度或劳动合同中明确规定了旷工期间工资发放标准，则应以规章制度或劳动合同约定为准。此外，旷工期间可以扣款，但不等于可以罚款，意思是旷工几天扣几天工资，但断不能出现所扣款项超过实际旷工天数所折算的日工资的情况。

⑥劳动者迟到、早退数次算为旷工是否合理？

如果用人单位规章制度中规定了迟到、早退若干次属于旷工行为，此种规定法律并未禁止，但容易存在争议，即旷工是未经请假而不到岗工作行为，迟到或早退虽属一定程度上的违纪行为，但能否因劳动者多次出现该行为就累计为旷工，笔者认为此类规定并不违法。对于劳动者来说，到点上班不应打折扣；对于用人单位来说，有效管理是良性经营的基础之一，因此，如果劳动者不能严格遵守规章制度，经常迟到、早退而无相应处罚，显然于生产不利。当然，提醒用人单位的是，切不可在规章制度中将迟到、早退与旷工等同对待，同时也不能出现同一行为多种处罚规定或一个行为多个处罚的情形。

⑦认定劳动者旷工时应承担的举证责任。

对于劳动者来说，需举证证明其已请假或已实际提供工作，因此，最好的证据是填写并提交请假单或实际工作记录；对于用人单位来说，需举证证明劳动者未经请假或无其他正当理由而缺勤，因此，最好的证据是考勤记录。

⑧规章制度规定，请假必须填写请假单，但现实中经常出现部门领导或班组负责人同意请假，此种批假是否成立？

首先，用人单位对于规章制度制定中的民主程序及公示或告知予以完善；其次，用人单位规章制度所规定的请假流程应予以明确；最后，用人单位在实际执行请假流程时必须严格遵守而不能出现特例。只有在保证上述三点的前提下，对于越级请假或无权限批假予以限制并从法律上获得支持。

案例 12 况某自 1995 年 1 月 5 日进入某电子公司工作。2013 年 7 月 5 日午休期间，况某在休息室与同事杨某下棋，况某另一同事张某观棋，因况某不满张某在旁支着，遂与张某发生争执，进而发生肢体冲突并相互扭打，后被其他同事劝阻。2013年8月20日，该电子公司以况某严重违纪为由解除双方的劳动合同，依据是员工手册规定"公司内打架"给予解除劳动合同处理，况某认可员工手册的真实性，但认为其行为不属于打架。

分析　①中午休息时间，是否应受规章制度约束？

虽然午间休息时间属于法定工作时间之外的劳动者自行支配范围，但如果劳动者在用人单位办公经营范围内出现如打架等违纪行为，依然要受到用人单位规章制度约束。如果劳动者在午休时间离开用人单位办公经营范围，所出现的行为就完全属于其个人行为，但也有较特殊的例子。例如，某员工与其同事在单位大门口打架，引来无数人围观，此时如果依据规章制度处理，并无不妥。

②工作时间在厂区外打架，是否应受规章制度约束？

工作时间如果劳动者在用人单位办公经营范围之外出现如打架等违纪行为，首先要看规章制度对此是否有针对性规定，如果没有则需分析劳动者行为的时间和地点及对象。

③班车、单位宿舍、单位组织旅游或培训时发生打架等违纪事宜，是否应受规章制度约束？

班车、单位组织旅游或培训等均是劳动者按照用人单位安排并接受其指挥情形下的工作范畴，因此必须受规章制度约束。对于单位宿舍，虽然是劳动者休息区域，但由于属于用人单位所安排或指定区域，因此也应受规章制度约束。

案例13　崔某于2009年3月进入某汽车公司工作。2015年2月23日，该汽车公司以崔某擅离职守属于严重违反规章制度为由解除双方之间的劳动合同，其依据是员工手册之规定。崔某对擅离职守行为矢口否认。该汽车公司表示，崔某曾于2015年1月3日工作期间，离开工作岗位在办公室外打电话长达40分钟；2015年2月12日工作期间，离开工作岗位进入厕所长达2个小时。对上述事实，崔某予以认可。崔某与该汽车公司就解除劳动合同一事产生争议，诉至劳动仲裁机构。

分析　首先，用人单位在认定劳动者此种情形中需有明确的规章制度支持。其次，如何界定劳动者擅离职守行为是难点，对于正常用人单位内的离岗行为，如间歇性上厕所或在指定区域吸烟等都是人之常情，但实践中存在着长时间脱岗且并非因工作，如接打私人电话数小时、一次性在厕所中数小时等，当然，判定此类情形中需融入审判人员的个人理解。

案例 14　张某于 2005 年 1 月进入某燃料公司从事司机工作，所驾车辆为金杯汽车，后该燃料公司连续亏损，使得张某所驾驶的汽车养护费用难以支撑。该燃料公司遂决定将该车出售，进而对张某的工作另行安排，但双方始终未能达成一致。2010 年 7 月 5 日，该燃料公司通过报纸通知与张某解除劳动合同。张某不服，诉至劳动仲裁机构。

分析　①本案实质为调岗。在劳动合同订立阶段，用人单位与劳动者双方处于一种谈判状态，双方通过协商确定劳动者的工作岗位，一经确定即对用人单位与劳动者双方当事人产生约束力。

然而在劳动合同订立后，由于劳动者与用人单位之间存在着人身关系的隶属性，因此用人单位对劳动者享有一定的指挥、管理和监督权。通常情况下，完全依照最初的劳动合同履行，这是劳动合同履行的最完美状态。然而，由于现实生活的复杂性以及用人单位与劳动者双方的种种原因，双方在劳动合同履行过程中变更合同内容特别是工作岗位的情况十分常见。对于调岗问题，前文已专门分析，在此不再赘述。

②劳动者不接受调岗能否视为旷工？

劳动者不服从用人单位的调岗，不去新的工作岗位就职，是否可以认定为旷工，从而依据劳动法规和企业的规章制度进行处理？

实践中，劳动者对用人单位的调岗不服，有些是直接不去单位上班，还有一些则是每天到单位打卡，但是仍然待在原岗位上。那么劳动者的上述行为能否认定为旷工，实践中一直有争议，各地司法实践中的劳动仲裁机构或者司法审判判决结果也并不一致。

对第一种情形即直接不去单位上班，在实践中存有两种观点。

一种观点认为，如果用人单位的调岗决定不合法，劳动者不到单位上班属于合理的对抗，不能认定为旷工。

另一种观点则认为，劳动者不服从调岗和拒不出勤没有必然关系，法律、法规没有规定不服从调岗就可以不出勤，劳动者有其他救济途径而不能不上班，因此，即使用人单位的调岗不合法，劳动者也应到单位上班而不能拒不出勤，否则就可以认定为旷工。

对于第二种情形即每天到单位打卡，但是仍然待在原岗位上，在实践中亦存有两种观点。

一种观点认为，不管用人单位的调岗是否合法，劳动者都应当到新的岗位任职，否则，即使劳动者每天还去单位，仍可认定为旷工。

另一种观点则认为，如果用人单位的调岗不合法，那么无论劳动者是否到新的岗位任职，只要劳动者去单位上班，就不能认定为旷工。

对于上述两种情形是否可以认定为旷工，笔者认为，首先需要界定用人单位的单方调岗是否合法。在用人单位调整劳动者的岗位的这一行为合法的前提下，若劳动者不去新的工作岗位任职，则属于不服从工作安排的违纪处罚范畴。而在用人单位调岗不合法的情形下，劳动者不去单位上班或者虽到单位上班但不到新的岗位任职，都不可认定为不服从工作安排违纪，更不能认定为旷工。但是，由于是否合法属于事后的认定，因此对劳动者来说，应当及时采取劳动仲裁等方式维护自己的权益，而不能以消极的不去上班来对抗。否则一旦用人单位的调岗获得认可，就会使自己陷于十分不利的境地。

③规章制度无规定，可否认定员工拒不服从工作安排、指挥或调动属于严重违反规章制度？

现行法律中对于劳动者拒不服从工作安排、指挥或调动等情形并无明确规定，而是将此赋予用人单位在规章制度中予以规定的权利，因此若规章制度中并未予以规定，则在后续处理中无法律依据，亦无制度依据。实践中，用人单位所承担的举证责任包括劳动合同的条款约定、调岗本身的合理性、考核或评估制度等。

④集团公司与关联公司之间人员调动时应注意什么？

《最高人民法院关于审理劳动争议案件适用法律问题的解释（一）》第四十六条规定："劳动者非因本人原因从原用人单位被安排到新用人单位工作，原用人单位未支付经济补偿，劳动者依据劳动合同法第三十八条规定与新用人单位解除劳动合同，或者新用人单位向劳动者提出解除、终止劳动合同，在计算支付经济补偿或赔偿金的工作年限时，劳动者请求把在原用人单位的工作年限合并计算为新用人单位工作年限的，人民法院应予支持。"

用人单位及其关联企业与劳动者轮流订立劳动合同属于上述典型情形，因此，如果在集团公司与关联公司之间进行人员调动时，未能支付经济补偿金或赔偿金，则必须将工作年限连续计算方可为上策。

案例 15　周某于 2007 年 7 月 11 日进入某纸业公司工作。该纸业公司于 2008 年 10 月 29 日、2009 年 4 月 21 日、2009 年 4 月 27 日对周某进行三次处罚，处罚方式分别为"书面警告""严重警告""书面警告"，周某均签字予以确认。2009 年 6 月 8 日，该纸业公司以周某一年内累计受到三次书面警告为由将其予以辞退。该纸业公司员工手册第八条第 2 款规定"累计三次或三次以上书面警告处罚，可予以辞退，口头警告及以上处罚以一年为限，超过一年则该处罚不作累计处理"。周某不服，诉至劳动仲裁委员会。

分析　①用人单位对劳动者进行处罚，劳动者如果不签字，怎么办？

实践中，用人单位对劳动者进行处罚时经常存在如下几个问题：一是处罚事实认定不清；二是处罚依据混乱；三是处罚程序不合法。而处罚程序中，用人单位始终在应对劳动者拒绝签字时似乎无计可施。其实很简单，如果劳动者拒绝签字，用人单位可以按照劳动者在劳动合同中写明的地址通过特快专递的形式进行邮寄。特别需要说明的是，特快专递上应注明所寄文件的名称。若劳动者拒绝接收邮件，用人单位可以通过报纸等公共媒介进行公告，此外，还可以通过公证方式予以送达。

②规章制度未规定处罚时限，用人单位对劳动者可否随时处罚？

目前尚无法律规定用人单位处罚权的期限，那么是否可以说在劳动者出现违反规章制度的行为后，用人单位可以随时进行处罚呢？答案是否定的。因为一旦认可用人单位随时处罚权，极易导致用人单位将劳动者违纪行为进行累计，直至选中最有利于用人单位的权利，这不但不利于员工管理，而且对劳动者也是不公平的。如果用人单位规章制度中明确了处罚周期，且该处罚周期并非"在职期间"等规定用语，则一般采用一年周期或以规章制度规定的周期为准。

③累计处罚中如果包含了加重处罚或者采取了兜底条款进行处罚，是否有效？

现实中经常存在用人单位规章制度中规定了加重处罚或兜底条款处罚情形，如某劳动者的违纪行为可以处以书面警告处分，但根据规章制度规定，用人单位可依据具体行为情节加重处以严重警告处分或针对规章制度中无具体规定条款等类似情形。此种规定断不可取，因为在劳动仲裁和司法实践中对于用人单位行使规章制度处罚权时必须与其规定内容与劳动者违纪行为相匹配，而对于规章制度规定模糊或加重处罚等内容均以与规定内容不符为由予以否决。

3. 劳动者严重失职、营私舞弊，给用人单位造成重大损害

劳动者严重失职、营私舞弊是指劳动者在履行劳动合同期间，没有按照岗位职责履行自己的义务，违反其忠于职守、维护用人单位利益的义务，有未尽职责的严重过失行为或者利用职务之便谋取私利的故意行为，使用人单位有形财产、无形财产遭受重大损害，但不构成刑罚处罚的程度。在适用该条时，需注意劳动者有严重失职、营私舞弊行为的，用人单位并不能理所当然地解除劳动合同，同时，还得具备一个条件，即严重失职、营私舞弊给用人单位造成重大损害的。未造成重大损害的，用人单位不得解除劳动合同。如何认定"重大损害"呢？法律并无具体规定，司法实践中也无统一标准可供参考。《关于〈中华人民共和国劳动法〉若干条文的说明》（劳办发〔1994〕289号）第二十五条第三款规定，"重大损害"由企业内部规章来规定。因为企业类型各有不同，对重大损害的界定也千差万别，故不便于对重大损害作统一的解释。若由此发生劳动争议，可以通过劳动争议仲裁委员会对其规章规定的重大损害进行认定。

案例 16　钟某于2001年3月份入职深圳某公司品检部担任产品检验员职务，公司与钟某签订了劳动合同，合同中约定工资为3000元/月。2005年10月，公司以钟某工作严重失职，其本应抽检50件产品只抽检30件产品，导致公司重大损害为由解除与钟某的劳动合同。钟某辩称，虽然少抽检了部分产品，但产品在使用过程中并没有质量问题，公司以工作严重失职为由将他辞退显然是想辞退后不支付经济补偿金而找的理由，如果公司坚持要辞退，必须支付经济补偿金。公司认为，辞退钟某是因为钟某工作的严重失职导致了公司重大损失，现在只将钟某辞退而没有要求钟某赔偿损失已经是仁至义尽了，对于钟某要求给予其经济补偿，该公司坚决不同意，只同意支付当月工资。双方经多次协商未果，钟某申请劳动仲裁。仲裁庭认为，公司以钟某严重失职导致公司重大损失为由提出解除劳动合同，但未能提出相关证据证明公司存在重大损失。因此，公司单方面解除与钟某的劳动合同的理由不成立，应当支付解除劳动合同的经济补偿金。

分析　本案中，钟某在工作虽有失误，漏检了部分产品，但该行为并未给公司造成重大损害，公司也没有举证证明其实际经济损失。因此，公司以钟某工作严重失职、造成公司重大损失为由单方面解除劳动合同不符合法律规定，应当向钟某支付解除劳动合同的经济补偿金。

案例 17　1998 年 2 月，李某进入深圳某塑胶模具厂工作，由于李某技术水平高，公司给他的待遇也不低，月工资 5000 元。2006 年 9 月，李某在生产过程中由于操作失误，导致一套模具损坏，公司花了 2 万余元才将损坏的模具修复好。公司以李某严重失职造成公司重大经济损失为由辞退了李某。2006 年 10 月，李某申请劳动仲裁要求公司支付经济补偿金 4.5 万元及代通知金 5000 元。仲裁委员会驳回了其申诉请求，李某不服向法院提起诉讼。庭上，公司答辩称《公司规章制度》明确规定：严重失职，并造成经济损失 1 万元以上的，公司有权辞退，并不支付经济补偿金。李某违反了公司规章制度相关条款的规定，属于严重失职，并造成公司经济损失 2 万元以上，应予以辞退，所以不同意支付解除劳动合同的经济补偿金及代通知金。法院审理后认为，2006 年 9 月，李某在生产过程中由于操作失误，导致一套模具损坏，造成公司经济损失达 2 万余元，按照公司已经公示的规章制度规定，李某行为属于严重失职，公司以此为由辞退李某并无不当，李某要求公司支付经济补偿金及代通知金的诉讼请求，无法律依据，不予支持。

分析　李某行为导致公司模具损坏，维修费花费 2 万余元，公司规章制度中对此进行了规定，且该规章制度已公示，因此，公司依据公司规章制度以李某行为系严重失职、造成公司重大损害为由而予以辞退符合法律规定。

关键点分析　①失职标准应明确。

工作差错是否属于失职，属于谁的失职，要想弄清楚，必须在规章制度里明确各岗位的职责。该职责需要细分和具体，把公司经营所涉及的任务和职责全部进行划分，包产到户。

②营私舞弊标准应明确。

在具体规定上，可以将公司要求告知的行为分类列明，如执行工作或业务上与本人亲属发生关联的；因工作、职务原因接受公司提供正常报酬之外的有形或无形利益的；本人或亲属因公司原因取得约定报酬之外的其他利益的；本人或亲属从事与公司业务有关联的生产经营的；等等。对于营私舞弊的情形进行列明，可以更好地规范用人单位的管理，并有助于对劳动者进行合法的约束。

③重大损害标准应明确。

劳动部办公厅关于印发《关于〈中华人民共和国劳动法〉若干条文的说明》的通知及《关于贯彻执行〈中华人民共和国劳动法〉若干问题的意见》，均对

"重大损害"的规定权赋予用人单位可以自行制定适合用人单位具体情形的规章制度。

4. 双重劳动关系

案例 18 刘某系某系统公司的软件工程师，被公司派往美国进行了一年的技术培训。培训结束回到公司后，由于其技术比以前有了很大的提高，公司对他的薪水按公司的规定进行了相应的提高。但刘某对现在的工作岗位和薪酬水平产生了不满足感，为此想换份满意的新工作。于是，刘某在另一家公司找了份兼职工作，并签订了劳动合同。在接下来的日子里，刘某便在非工作时间在该公司工作。

没过多久，刘某兼职的事情被系统公司知道了。系统公司领导十分生气，找到刘某，指出了刘某兼职的行为会影响他在系统公司的工作质量，并要求他尽快与另外那家公司解除劳动合同，安心做好本职工作，只要刘某努力工作，做出了成绩，系统公司会在职位与薪酬待遇水平上进行考虑。刘某口头答应了，并向系统公司领导作了深刻的检讨，但实际上他还是在非工作时间到那家公司上班。后来，刘某的行为又被系统公司知道了，系统公司多次限期刘某与那家公司解除劳动关系，但刘某仍然无动于衷。系统公司迫于无奈，做出了单方解除劳动合同的决定。刘某不服，诉至劳动仲裁机构。

案例 19 崔某自 2005 年 8 月 1 日进入某汽车公司从事操作工作。崔某与该汽车公司自 2012 年 8 月 1 日开始履行无固定期限劳动合同。2015 年 7 月 1 日，该汽车公司解除与崔某之间的劳动合同，理由是违反公司规章制度。崔某自 2009 年开始休病假。2012 年 8 月 3 日，劳动能力鉴定委员会对崔某作出《天津市伤病职工医疗期满劳动能力（复工）鉴定表》，鉴定结论为继续治疗，此后崔某继续请休病假，该汽车公司亦批准其病假直至解除劳动合同。随后，该汽车公司发现崔某自 2014 年 1 月至 12 月病休期间在某家具制造有限公司取得有偿收入，为此提供了《从中国境内两处或者两处以上取得工资、薪金所得应补缴税款明细表》。该明细表显示 2014 年 1 月至 12 月期间，汽车公司及家具制造有限公司两家用人单位均为崔某支付了工资。

根据汽车公司就业规则第二章第 10 条第（2）款规定"旷工连续 7 天或 1 个月内累计达到 7 天时"、第（5）款规定"未经公司同意从事经营活动而影响工作，或在职期间被他处雇用时"，给予解除劳动合同处罚，第 13 条第（3）款规定"经确认，以欺骗手段请病、事假者"视为旷工。

案例对比分析　①《中华人民共和国劳动合同法》第三十九条第四款规定，劳动者同时与其他用人单位建立劳动关系，对完成本单位的工作任务造成严重影响，或者经用人单位提出，拒不改正的，用人单位可以解除劳动合同。因此对于劳动者的双重劳动关系在法律上是不禁止的，而是将选择权留给了用人单位。

②劳动者建立双重劳动关系也不要损害用人单位的合法权益。有的用人单位为了维护本企业的利益，在同劳动者签订合同时就明确约定，禁止劳动者与其他公司建立双重劳动关系。如果劳动者违反这种约定，用人单位则可以据此解除劳动合同，引起损失的，还有权要求劳动者进行赔偿。因此，劳动者在已与一家用人单位建立劳动关系的情形下，再与其他用人单位建立劳动关系也应慎重，既要不违反已签劳动合同的约定，也要考虑到后者对前者是否造成不良影响。

③特殊岗位对于劳动者双重劳动关系的限制。《中华人民共和国劳动合同法》第二十四条第一款规定"竞业限制的人员限于用人单位的高级管理人员、高级技术人员和其他负有保密义务的人员。竞业限制的范围、地域、期限由用人单位与劳动者约定，竞业限制的约定不得违反法律、法规的规定"。本条是对用人单位中处于特殊岗位的人员行为进行限定，因为作为用人单位的高级管理、高级技术等人员，所接触的大部分业务为用人单位里涉及经营战略、专利信息、商业秘密等机密性事务，往往关系到用人单位在市场上的竞争优势，甚至用人单位的生死存亡。因此，对这种劳动者的约束必然会相应增加。然而这种竞业限制需要用人单位和劳动者在事先约定，约定的内容包括竞业限制的范围、地域、期限等。有些岗位还需要对劳动者与用人单位解除劳动合同之后的竞业限制进行约定。这在《中华人民共和国劳动合同法》里面也有体现，即第二十四条第二款规定"在解除或者终止劳动合同后，前款规定的人员到与本单位生产或者经营同类产品、从事同类业务的有竞争关系的其他用人单位，或者自己开业生产或者经营同类产品、从事同类业务的竞业限制期限，不得超过二年"。本条是规定对劳动者离岗后的竞业限制期限最长不得超过两年，用人单位可以根据劳动者的岗位性质及重要性在此期限内协商确定。这种规定是对用人单位权益的一种保护，因为处于这些特殊岗位的劳动者离岗之后很有可能在短时间内

重操旧业，或者加盟原用人单位的竞争企业，或者自立门户成为原用人单位新的竞争对手，这将给用人单位带来难以预计的损失。

5. 劳动者被追究刑事责任的

案例 20 张某于 1998 年 3 月 25 日进入某公司从事司机工作。2009 年 3 月 8 日，张某被公安机关行政拘留 10 天。2009 年 3 月 19 日，公司解除双方的劳动合同，依据为员工手册规定"违反社会治安，受到公安机关拘留者"，公司可以解除劳动合同。

分析 根据《中华人民共和国劳动合同法》第三十九条规定，劳动者被依法追究刑事责任的，用人单位可以解除劳动合同。而根据《关于贯彻执行〈中华人民共和国劳动法〉若干问题的意见》第二十八条规定，劳动者涉嫌违法犯罪被有关机关收容审查、拘留或逮捕的，用人单位在劳动者被限制人身自由期间，可与其暂时停止劳动合同的履行。暂时停止履行劳动合同期间，用人单位不承担劳动合同规定的相应义务。

因此，劳动者被追究刑事责任的标准是被法院判决承担如有期徒刑、无期徒刑、管制、拘役及缓刑等刑事责任，用人单位此时方可以劳动合同法法定解除条件为由解除劳动合同。否则，如刑事拘留、行政拘留等处罚，用人单位只能暂时停止履行劳动合同，即无需支付工资报酬及任何福利待遇、无需缴纳社会保险/住房公积金等，而不能直接援引劳动合同法第三十九条第一款第六项解除与劳动者之间的劳动合同。

风险点七：当劳动者长期请病假时，HR 该怎么办

1. 何为医疗期

医疗期是指用人单位职工因患病或非因工负伤停止工作治病休息，不得解除劳动合同的时限。其实这一定义并不完整，这里的"不得解除"是指用人单位不得解除，如果劳动者提出解除或者用人单位与劳动者双方协商解除劳动合同，法律是不做限制的。需要明确的是，对于处于医疗期内的劳动者，并非用人单位绝对不可以解除劳动合同，对于医疗期内的劳动者，用人单位可以其试

用期不符合录用条件、存在严重违纪和严重过错为由解除其劳动合同，也可以与其进行沟通，在支付经济补偿金等相关事宜达成一致的前提下协商解除劳动合同。

在实务中，用人单位如果连续休医疗期，则连续计算医疗期直至期满，自然不会存在问题。但更多的时候，劳动者断断续续会产生一些病假，此种情形应如何计算医疗期呢？如果间断休医疗期，则可累计计算医疗期。医疗期计算的基本步骤为：根据工作年限确定医疗期长短；根据医疗期长短确定累计病休的计算周期，如 3 个月医疗期则累计病休的计算周期为 6 个月；在前一步骤确定的计算周期内确定累计病休时间。需要指出的是，我国各地对于医疗期的期限及计算方法均有具体的规定，需要按照当地的规定执行。

2. 医疗期与病假的关系

在日常生活中，比较容易混淆的是医疗期与病假期的关系，两者的主要区别：医疗期是法定期间，由法律根据职工工作年限规定的"刚性"的时间段，比如工作满一年，医疗期为 3 个月，这 3 个月就是固定的，除非你的工作年限发生了变化；而病假期则是事实期间，事实上发生了多少就算多少，是"弹性"的时间段，譬如你休了 4 个月的病假，医疗期只有 3 个月，病假期间仍然算是 4 个月。也就是说，医疗期是法律有特别规定的固定的法定期限，而病假则是员工患病或非因工负伤事实上需要接受诊疗的事实期间。

在医疗管理中，很多用人单位存在这样一种观点：既然国家规定了医疗期制度，那么对于已满医疗期的员工申请病假，用人单位就可以不予批准。实际上，关于医疗期的法律、法规政策并没有确认用人单位在劳动者医疗期满后可以不安排劳动者病假。相关法律、法规政策只是规定医疗期满后用人单位可以解除劳动合同，也就是说，用人单位可以在劳动者医疗期满后解除劳动合同，但在用人单位与劳动者无法就解除合同达成一致的情况下，用人单位必须先为劳动者申请劳动能力鉴定，当鉴定结论为可以复工时，劳动者应复岗工作，否则用人单位可以依据规章制度进行处罚，当鉴定结论为继续治疗或不可以复工时，用人单位可以提前一个月通知劳动者或支付代替通知金后，解除劳动合同并支付劳动者经济补偿，但是如果用人单位选择保持劳动关系，则并不能因此而不安排员工病假。

3. 病假中经常存在的问题

（1）用人单位的规章制度规定了请病假的天数，是否有效？

实践中，很多用人单位在规章制度中规定，劳动者有权请假的具体天数，此类条款显然是无效的，因为人不能决定自己是否得病，因此更不能决定自己得多长时间的病，对此予以限制必然是违背自然伦理和法制精神的。

（2）用人单位的规章制度规定了劳动者就医的医院等级要求，是否有效？

实践中，很多用人单位在规章制度中对劳动者请休病假时所能提供的医疗机构等级进行了规定，比如三级以上甲等医院出具的诊断证明书方能成为病假依据等，此类约定在法律上并无支撑，但司法实践中对此采取了否定态度，其用意是在平均医疗资源背景下，最大限度地实现公平。笔者认为，如果用人单位在规章制度中规定了医保定点医院等类似规定尚可以采用，但是要求必须三级以上甲等医院属实不妥。

（3）用人单位在制定规章制度时如何规定请休病假需提交的资料方能有效约束"泡病假"问题？

实践中，用人单位在规章制度中对于请休病假所需提供的资料可以设定为挂号条、门诊病历册、门诊票据、处方笺、诊断证明书等必需材料，否则可以拒批病假。

4. 医疗期中经常存在的问题

（1）用人单位何时应该起算劳动者的医疗期？医疗期是连续计算，还是累计计算？

实践中，对于医疗期何时起算以及由哪一方提起的规定并不明确。笔者认为，用人单位和劳动者均有权提起。一方面，当用人单位感觉到劳动者频繁请休病假时，即可以通知劳动者开始为其计算医疗期，此时必须明确告知劳动者；另一方面，当劳动者认为其身体状况不足以继续工作时亦可以向用人单位提出计算医疗期。而医疗期可以连续计算，也可以在一定期限内累计计算，对此，《劳动部关于贯彻〈企业职工患病或非因工负伤医疗期规定〉的通知》第四条有明确规定，即医疗期三个月的，按六个月内累计病休时间计算；六个月的，按十二个月内累计病休时间计算；九个月的，按十五个月内累计病休时间计算；十二个月的，按十八个月内累计病休时间计算；十八个月的，按二十四个月内累计病休时间计算；二十四个月的，按三十个月内累计病休时间计算。

（2）休医疗期只有一次吗？

医疗期的含义之一是停止工作治病休息，而一个人在其生存期间得病可以说是无法历数，因此医疗期并非只能休一次，而是在一定程度上根据劳动者本人所得病症进行界定。

（3）医疗期满后，劳动者不来上班，用人单位应该采取什么应对措施？

根据劳动部关于贯彻《企业职工患病或非因工负伤医疗期规定》第六条规定，企业职工非因工致残和经医生或医疗机构认定患有难以治疗的疾病，在医疗期内医疗终结，不能从事原工作，也不能从事用人单位另行安排的工作的，应当由劳动鉴定委员会参照工伤与职业病致残程度鉴定标准进行劳动能力的鉴定。被鉴定为一至四级的，应当退出劳动岗位，终止劳动关系，办理退休、退职手续，享受退休、退职待遇；被鉴定为五至十级的，医疗期内不得解除劳动合同。

因此，当劳动者医疗期满后不能从事原工作也不能从事用人单位另行安排的工作时，用人单位是不能直接解除劳动合同的，这与《中华人民共和国劳动合同法》第四十条规定并不冲突，因此当医疗期满后劳动者仍不复岗工作时，用人单位即可以要求劳动者进行劳动能力鉴定，并以鉴定结论确定后续处理方式。

（4）医疗期满后，劳动者前来上班，用人单位认为劳动者身体条件不一定能适应工作要求，要求劳动者进行劳动能力鉴定，是否合法？

实践中，法律法规对此并无具体规定，也无法对此予以规定。笔者认为，当医疗期满后，劳动者复岗上班，该行为肯定是合法的，用人单位也不应予以拒绝。如果劳动者复岗后再次提出请休病假时，用人单位即可以要求劳动者进行劳动能力鉴定，但是对于间隔时间尚不能界定。若劳动者不同意或不配合进行劳动能力鉴定，用人单位首先不应批准其病假，然后向劳动能力鉴定委员会为劳动者申请鉴定，待鉴定申请被受理后，可通知劳动者如期鉴定。若劳动者仍不进行鉴定，则解除劳动合同，支付经济补偿金。

（5）劳动能力鉴定结论为可以复工后，劳动者仍请休病假，用人单位不批准，是否可行？

当劳动能力鉴定结论为可以复工后，有些劳动者仍继续请休病假并提供全套病假手续，此时用人单位有权拒绝批准病假，其理由是劳动能力鉴定结论已经对劳动者身体状况做出了认定，劳动者再次请休病假明显缺乏事实依据。当然，如果劳动者确发生属于停止工作治病休息的实际状况，则可以再次起算医疗期。

5. 除计算医疗期外，用人单位还能做什么应对员工"泡病假"？

（1）用人单位可以修改内部规章制度中针对病假的处理方式。

①明确规定：劳动者请休病假时应提交的就诊资料包括门诊病历册、挂号条、门诊票据、处方笺、诊断证明书，缺少上述资料，用人单位可不批准劳动者病假，若劳动者不来上班，则按旷工处理。

②明确规定：劳动者请休病假超过多长时间的，用人单位有权要求劳动者配合前往就近的医保定点机构复查，若劳动者不予配合，则用人单位将按不配合具体工作为由给予相应的处罚。对于此点，需在处罚条款中清晰地设定该类处罚标准和类别。

③明确规定：劳动者请休病假累计达到两周的，用人单位将依法起算医疗期。

④明确规定：劳动者医疗期满后应复岗工作，若劳动者表示不能复岗且仍继续请休病假的，则劳动者应在医疗期满后一周内自行向劳动能力鉴定机构申请劳动能力鉴定，对此用人单位将予以配合。劳动者具体的申请方式，应为书面劳动能力鉴定申请书；若劳动者提交劳动能力鉴定申请书，则劳动者和用人单位在申请书载明日期后的第三天前往劳动能力鉴定机构办理鉴定申请事宜，劳动者如遇特殊情况不能如期前往的，需经用人单位同意后另行确定日期；若劳动者拒绝提交劳动能力鉴定申请书或不如期前往劳动能力鉴定机构办理鉴定事宜的，用人单位通知劳动者另行安排工作，此时劳动者拒绝到岗的，用人单位则按旷工处理，劳动者到岗后一个月内再次请休病假的，用人单位将不再批准病假，劳动者强行请休病假的，用人单位按旷工处理。

⑤明确规定：若劳动者申请劳动能力鉴定被受理后，用人单位将按鉴定结论依法处理；若劳动者申请劳动能力鉴定不被受理，则表明劳动者的身体状况不符合劳动能力鉴定标准，此时劳动者应复岗上班，否则用人单位将依法按旷工处理。

⑥明确规定：医疗期满后，劳动者拒绝复工、拒绝提交劳动能力鉴定申请书的，则自医疗期满后至用人单位向劳动者发出劳动能力鉴定通知前这段时间，按劳动者无故缺勤处理，不予发放工资。

（2）用人单位应为完善应对劳动者请休病假而需在处理环节上下功夫。

①复工通知书。医疗期满前一周，用人单位即可要求劳动者在一定期限内明确回复复岗日期，若劳动者拒绝复岗或拒绝表明复岗日期，则用人单位开始准备下一个通知书。

②提交劳动能力鉴定申请书的通知。医疗期满时，若劳动者不来复岗上班，则用人单位应立即发出提交劳动能力鉴定申请书的通知，并明确要求劳动者需在一周内提交书面劳动能力鉴定申请书。若劳动者拒绝提交或拒绝前往进行劳动能力鉴定的，则用人单位开始准备下一个通知书。

③调岗通知书。当提交劳动能力鉴定申请书的通知确定的期限到来时，劳动者拒绝提交或拒绝前往进行劳动能力鉴定的，用人单位立即发出调岗通知书，确定劳动者到岗日期。

④旷工违纪处罚单及解除劳动合同通知书。若劳动者在调岗通知书确定的日期后，仍未到岗上班，用人单位立即发出违纪处罚单及解除劳动合同通知书。

风险点八：如何认定劳动者不胜任工作，始终是困扰 HR 的难点

所谓劳动者不胜任工作，是指在用人单位无故意提高工作定额的情况下，劳动者不能按要求完成劳动合同中约定的工作任务或者同工种、同岗位人员的工作量的情形。劳动者不胜任工作，用人单位就无法达成与劳动者签订劳动合同的目的。

1. 用人单位如何认定不胜任工作

（1）认定是否胜任工作的关键要素。

①明确工作岗位职责。一般以岗位说明书等方式具体说明劳动者所在岗位的职责、任职要求等。

②明确任职胜任与不胜任标准。例如，以目标任务为导向，制定合理的工作标准要求，对劳动者的工作任务进行量化，形成技术等级、考核标准等。

③建立完善的考核机制。完善考核制度，考核方式方法要明确，考核结果要客观、公正，同时，考核结果应告知劳动者。

（2）建立考核评价机制。

①制定考核评价的规章制度，包括对试用期内、试用期结束后转正及日常

工作的考核标准。

②考核标准关键点：考核指标、参评人员、考核期限、考核方式、考核结果的告知。

③制定针对培训的规章制度，明确培训内容、培训要求及培训后的考核方式。

2. 用人单位认定不胜任工作的认定程序

（1）根据规章制度对劳动者进行考核。

（2）考核结论作出后，根据规章制度对劳动者选择培训或转岗，其中培训应按培训机制进行，培训结束后还应进行考核，然后认定其是否胜任工作，若仍不胜任工作的，可解除劳动合同。选择转岗时，应注意的是调整的工作岗位不应超过其能力范围，此时调岗能否降低工资存在争议。

（3）用人单位解除劳动合同的，应提前三十天通知或支付代通知金后，计算其经济补偿金。

案例 21 张某自 1996 年 5 月 20 日进入某化工公司处从事生产主任工作。张某与该化工公司于 2007 年 1 月 1 日开始履行无固定期限劳动合同。2015 年 6 月 11 日，该化工公司解除与张某之间的劳动合同，理由是张某在 2013 年和 2014 年个人绩效评估等级分别为"工作态度及工作能力均低于预期要求：无法接受"和"尚未达到预期要求：不满意、不胜任"，经相关培训，未改善表现。依据是《工作守则》第 5.2.1 款之规定，雇员表现评估第 4 等级为"尚未达到预期要求：不满意、不胜任"，第 5 等级为"工作态度及工作能力均低于预期要求：无法接受"，"当雇员的表现连续两次被评估为等级 4 时，公司有权据此依法与其解除劳动合同"，"当雇员的表现评估为等级 5 时，公司将不得不立即与其解除劳动合同"。

该化工公司提供的 2013 年和 2014 年绩效评估显示，张某 2013 年整体绩效评估结果：目标评估 1.0 未达成、行为评估 1.0 未达标；2014 年整体绩效评估结果：目标评估 2.0 达成、行为评估 1.0 未达标。张某对上述评估结论不认可。该化工公司表示，鉴于张某 2013 年评估考核不合格，遂于 2014 年 11 月 3 日对张某进行了如何正确使用 SAM 系统的培训，该 SAM 系统是准确记录生产时间的系统，是关于生产方面的工作系统，由于包括张某在内的生产车间负责人未按规范去使用，后经 2014 年绩效评估张某又不合格，因此该化工公司决定解除与张某之间的劳动合同。根据该化工公司培训邮件记载，SAM 系统是一项强制性的要求，所有线上活动的时间都应在 SAM 中登记，即便没有需求或生产计划。

分析　《中华人民共和国劳动合同法》第四十条第二项明确规定，劳动者不能胜任工作，经过培训或者调整工作岗位，仍不能胜任工作的，用人单位可以解除劳动合同，因此认定该化工公司解除与张某之间的劳动合同是否合法的关键要素，是张某是否不胜任工作及化工公司认定张某不胜任工作后是否进行了培训或调整工作岗位。根据该化工公司提供的 2013 年和 2014 年张某绩效评估可以认定，化工公司对张某 2013 年和 2014 年的工作进行了考核，张某虽不认可考核结论，但未否认考核的存在，因此认定化工公司解除劳动合同合法与否，就在于化工公司对张某不胜任工作是否进行了培训或调整工作岗位。该化工公司认为，其于 2014 年 11 月 3 日对张某进行了如何正确使用 SAM 系统的培训，此即为对张某不胜任工作的培训。根据化工公司提供的培训邮件可以明确，SAM 系统是关于准确记录生产时间的系统，化工公司通过邮件要求包括张某在内的生产车间负责人按照规范使用，即所有线上活动的时间都应在 SAM 中登记，即便没有需求或生产计划，但上述邮件体现的是化工公司对包括张某在内的生产车间负责人使用 SAM 系统的规范要求，不足以证明该培训系对张某不胜任工作后的专门培训，同时化工公司未提供其他足以证明其对张某进行培训或调整工作岗位的证据。化工公司《工作守则》第 5.2.1 款中"当雇员的表现连续两次被评估为等级 4 时，公司有权据此依法与其解除劳动合同"及"当雇员的表现评估为等级 5 时，公司将不得不立即与其解除劳动合同"之规定，明显与《中华人民共和国劳动合同法》第四十条相悖。因此，该化工公司以张某不胜任工作为由解除双方之间的劳动合同，缺乏事实依据。

案例 22　2005 年 7 月，被告王某进入原告中兴通讯（杭州）有限责任公司（以下简称中兴通讯）工作，劳动合同约定王某从事销售工作，基本工资每月 3840 元。该公司的员工绩效管理办法规定：员工半年、年度绩效考核分别为 S、A、C1、C2 四个等级，分别代表优秀、良好、价值观不符、业绩待改进；S、A、C（C1、C2）等级的比例分别为 20%、70%、10%；不胜任工作原则上考核为 C2。王某原在该公司分销科从事销售工作，2009 年 1 月后因分销科解散等原因，转岗至华东区从事销售工作。2008年下半年、2009年上半年及2010年下半年，王某的考核结果均为C2。中兴通讯认为，王某不能胜任工作，经转岗后，仍不能胜任工作，故在支付了部分经济补偿金的情况下解除了劳动合同。

2011年7月27日，王某提起劳动仲裁。同年10月8日，仲裁委作出裁决：中兴通讯支付王某违法解除劳动合同的赔偿金余额36596.28元。中兴通讯认为其不存在违法解除劳动合同的行为，故于同年11月1日诉至法院，请求判令不予支付解除劳动合同赔偿金余额。

裁判结果：浙江省杭州市滨江区人民法院于2011年12月6日作出（2011）杭滨民初字第885号民事判决：原告中兴通讯（杭州）有限责任公司于本判决生效之日起十五日内一次性支付被告王某违法解除劳动合同的赔偿金余额36596.28元。宣判后，双方均未上诉，判决已发生法律效力。

裁判理由：法院认为，为了保护劳动者的合法权益，构建和发展和谐稳定的劳动关系，《中华人民共和国劳动法》《中华人民共和国劳动合同法》对用人单位单方解除劳动合同的条件进行了明确限定。原告中兴通讯以被告王某不胜任工作，经转岗后仍不胜任工作为由解除劳动合同，对此应负举证责任。根据《员工绩效管理办法》的规定，"C（C1、C2）考核等级的比例为10％"，虽然王某曾经考核结果为C2，但是C2等级并不完全等同于"不能胜任工作"，中兴通讯仅凭该限定考核等级比例的考核结果，不能证明劳动者不能胜任工作，不符合据此单方解除劳动合同的法定条件。虽然2009年1月王某从分销科转岗，但是转岗前后均从事销售工作，并存在分销科解散导致王某转岗这一根本原因，故不能证明王某系因不能胜任工作而转岗。因此，中兴通讯主张王某不胜任工作，经转岗后仍然不胜任工作的依据不足，存在违法解除劳动合同的情形，应当依法向王某支付经济补偿标准二倍的赔偿金。

风险点九：到底该如何理解劳动合同 履行过程中"客观情况发生重大变化"这一规定

《中华人民共和国劳动合同法》第四十条规定，有下列情形之一的，用人单位提前三十日以书面形式通知劳动者本人或者额外支付劳动者一个月工资后，可以解除劳动合同。劳动合同订立时所依据的客观情况发生重大变化，致使劳动合同无法履行，经用人单位与劳动者协商，未能就变更劳动合同内容达成协议的。

该款作为用人单位解除无过错员工的三条法宝之一（经济裁员必须通过民主、行政程序不在此列），为防止该条款被随意滥用，如何理解该条款的本质含义就显得相当重要。

早在1994年7月5日《中华人民共和国劳动法》颁布后，劳动部编写了《关于〈中华人民共和国劳动法〉若干条文的说明"》（劳办发〔1994〕289号）。其中第二十六条对"客观情况"作出了以下说明："客观情况"是指发生不可抗力或出现致使劳动合同全部或部分条款无法履行的其他情况，如企业迁移、被兼并、企业资产转移等，并且排除本法第二十七条（经济裁员）所列的客观情况。

但是，在《中华人民共和国劳动合同法》实施后，以上列举的"客观情况"已经发生了重大变化。"被兼并"已经被《中华人民共和国劳动合同法》第三十四条规定"用人单位发生合并或者分立等情况，原劳动合同继续有效，劳动合同由承继其权利和义务的用人单位继续履行"重新定位。"企业资产转移"已经被《中华人民共和国劳动合同法》第四十一条第一款第三项"企业转产、重大技术革新或者经营方式调整，经变更劳动合同后，仍需裁减人员的"纳入"经济裁员"的适用范围。唯一硕果仅存的就是"企业迁移"，而绝大多数企业难得一迁。因此，司法实践中，相当多的劳动仲裁机构或司法机关对于如何认定客观情况发生重大变化存在着有法不依的尴尬境地。

案例23 佟某自1996年9月20日进入某模具公司处从事厨师工作。佟某工作期间，因模具公司厂务食堂连续亏损，决定拆除食堂大楼改建新厂，并将食堂外包，进而裁减食堂全部岗位。2011年5月6日，该模具公司决定将佟某岗位调整到制造处蛋糕科上正常班，从事生产卫生清洁工作。2011年5月10日，佟某以食堂模式转变和工作岗位是否裁减，属于公司内部经营行为为由，表示拒绝。2011年5月12日，该模具公司再次向佟某发出确认通知书，提出三种解决方案：一是双方协商一致解除劳动合同，发放经济补偿金；二是佟某接受调整工作岗位的安排，在2011年5月16日前到岗；三是若佟某既不能接受协商一致解除劳动合同，又不能接受调整工作岗位安排的，模具公司将于2011年5月18日解除双方之间的劳动合同。对于上述三种方案，佟某未予接受。2011年5月18日，该模具公司以原工作岗位撤销且就调整工作岗位不能达成一致为由，解除了与佟某之间的劳动合同，并向佟某支付了32856.9元经济补偿金。佟某不服，诉至劳动仲裁机构。

分析 该模具公司因厂务食堂连续亏损，决定拆除食堂大楼改建新厂，并将食堂外包，进而裁减食堂全部岗位，此类情形与法律规定的劳动合同订立时所依据的客观情况发生重大变化其实是有差异的，但是由于模具公司将佟某工作岗位由厨师调整到蛋糕科工作，不违反佟某的工作性质，因此模具公司在双方协商未果的情况下，解除双方的劳动合同，并不违反法律规定。

案例 24 兰某于2007年9月5日进入某食品公司从事倒班主管工作，双方自2014年9月5日开始履行无固定期限劳动合同。2015年6月8日，该食品公司解除与兰某之间的劳动合同，理由是兰某所在的职能部门组织架构调整，工作岗位被取消，劳动合同订立时依据的客观情况发生重大变化导致劳动合同无法履行，为此提交了关于公司组织架构调整的情况说明、劳动合同解除通知书等证据。其中关于公司组织架构调整的情况说明记载，自2014年起由于受整体消费市场影响造成订单下降，导致生产用人需求下降，受此影响，食品公司对现有部门进行内部整合，将兰某所在的生产部原有的11个班组削减为7个班组，同时本着减员增效的原则将部门生产主管的岗位进行调整。由于兰某在2014年度的绩效评估为-1，属于低绩效员工，因此将其工作岗位取消。兰某表示食品公司不属于客观情况发生重大变化情形。

分析 本案中，该食品公司解除与兰某之间的劳动合同所依据的事实是将兰某所在的生产部班组进行削减，该决定导致的结果是部门组织架构出现变化，并非法律规定的企业迁移、被兼并、企业资产转移等法定情形，而食品公司本身并无任何变化，因此所谓的部门组织架构调整不属于客观情况发生重大变化。当然，食品公司调整兰某的工作岗位属于变更劳动合同范畴，鉴于食品公司本次组织架构调整必然导致兰某工作岗位变化，只要食品公司本着调岗不调薪原则进行处理而非解除劳动合同，必将得到法律的支持。

案例 25 张某自2012年1月4日进入某科技公司工作。2014年3月27日，科技公司通知张某，张某所在的新能源研究院撤销，公司决定将张某的工作地点由天津市调整至内蒙古，并要求张某于2014年4月3日即前往新工作地点报到，理由是公司业务发展需要，但张某不同意该工作调动。2014年4月1

日，科技公司再次向张某发出工作调动提醒函，要求张某于 2014 年 4 月 6 日即前往调动地点报到，张某再次拒绝。2014 年 4 月 9 日，科技公司对张某通报批评，并于当日解除双方之间的劳动合同，理由是张某严重违反规章制度。

分析 本案中，该科技公司撤销新能源研究院仍属于机构的变化，而非企业迁移、被兼并、企业资产转移等情形，因此与客观情况发生重大变化并不匹配，该科技公司应以变更劳动合同协商一致为前提，而张某的工作地点由天津市变更为内蒙古，已实质影响了张某的权利。此类情形中即使该科技公司对张某未调整薪资水平，也需张某同意接受本次调整，否则无论是解除劳动合同还是变更张某工作岗位均不符合法律规定。

风险点十：非用人单位过错解除劳动合同时的方案选择及经济成本分析

1. 非过失性解除劳动合同所产生的经济成本分析

（1）一个月代通知金，采用标准是劳动合同解除前十二个月的平均工资。

（2）解除劳动合同经济补偿金。

（3）医疗期满解除劳动合同，如果经过劳动能力鉴定为五至十级的，除支付经济补偿金外，还应支付医疗补助费。

2. 非用人单位过错解除劳动合同风险分析

（1）医疗期满解除劳动合同的关键点在于劳动能力的鉴定环节，这直接关系到劳动合同解除的成立与否。但由于实践中经常出现劳动能力鉴定委员会拒绝鉴定，而劳动仲裁机构或人民法院又必须依照劳动能力鉴定结论作为确定解除劳动合同合法与否的标准，因此导致用人单位无所适从。对于应对"泡病假"的具体处理方式，前文已有论述。

（2）不胜任工作的关键点在于考核机制及后续的培训或转岗，对此前文已有论述。

（3）客观情况发生重大变化的关键点在于何种情形属于客观情况发生重大变化，同时不能忽略协商环节，对此前文已有论述。

风险点十一：劳动合同终止时，
HR 应掌握的是终止的法定条件和关键要点

1. 劳动合同终止的法定条件

（1）劳动合同期满的。

（2）劳动者开始依法享受基本养老保险待遇的。

（3）劳动者死亡，或者被人民法院宣告死亡及宣告失踪的。

（4）用人单位被依法宣告破产的。

（5）用人单位被吊销营业执照、责令关闭、撤销或者用人单位决定提前解散的。

（6）法律、行政法规规定的其他情形。

2. 要点分析

（1）劳动合同期满的，是否应提前三十天通知？不提前三十天通知，是否应支付代通知金？

对于代通知金问题仅有《中华人民共和国劳动合同法》第四十条规定的解除情形才会产生，其他情形的解除或终止无需支付该费用。此外，法律也未规定劳动合同期满前必须多长时间通知。但实践中可知，如果劳动合同到期前未能提前通知劳动者而将该问题留到劳动合同到期后再行处理，那么用人单位将不可避免地导致两个严重问题产生。其一是在原合同到期后双方未能续签新的合同，此时双方仍存在劳动关系，用人单位选择解除或终止劳动关系将面临着解除或终止理由的合法与否，即只有在符合法律规定的解除或终止情形时方不会被认定为违法解除；其二是在原合同到期后双方未能在一个月内续签新的合同，超过一个月又将产生未订立书面劳动合同的二倍工资风险。

（2）所谓的依法享受养老保险待遇，即办理退休手续。但注意不是内退，而是根据国家法律规定的达到法定退休年龄或其他符合办理退休手续的情形。

（3）出现下列几类情形应顺延劳动合同。

①从事接触职业病危害作业的劳动者未进行离岗前职业健康检查，或者疑

似职业病病人在诊断或者医学观察期间的。

②在本单位患职业病或者因工负伤并被确认丧失或者部分丧失劳动能力的。

③患病或者非因工负伤，在规定的医疗期内的。

④女职工在孕期、产期、哺乳期的。

⑤在本单位连续工作满十五年，且距法定退休年龄不足五年的。

⑥法律、行政法规规定的其他情形。

（4）职业病或者因工负伤，丧失或者部分丧失劳动能力劳动者的劳动合同的终止，按照国家有关工伤保险的规定执行。

（5）用人单位违法终止劳动合同，需支付劳动者赔偿金或恢复劳动关系。

风险点十二：解除或终止劳动合同时，HR 应关注的步骤

1. **用人单位与劳动者协商一致解除劳动合同**

协商过程应必备；兜底条款必备；如约支付款项。

2. **劳动者过错性解除**

制定完善的规章制度；规章制度告知程序；劳动者过失应与规章制度条款匹配，切勿出现兜底条款解除；处罚通知应明确处罚事项、处罚依据、处罚结论；处罚结果告知程序；在处罚下发前履行工会程序，宁要毋省。

3. **非用人单位过错性解除**

事实认定应充分；提前三十天通知或支付代通知金；告知程序；支付经济补偿金。

4. **劳动合同终止**

事实认定应充分。提前告知，但无法律规定期限，无需支付代替通知金。告知程序。两种情形需支付经济补偿金，即用人单位被依法宣告破产的；用人单位被吊销营业执照、责令关闭、撤销或者用人单位决定提前解散。

风险点十三：经济补偿金、赔偿金、代通知金、未订立书面劳动合同二倍工资的适用原则，HR 要逐一分清

1. 用人单位与劳动者协商一致解除劳动合同

（1）用人单位需支付经济补偿，标准一般不应低于依照法律规定的计算方式所得出的数额。

（2）代通知金无强制性要求。

2. 劳动者过失性解除劳动合同

无需支付经济补偿金或赔偿金。

3. 劳动者非过失性解除劳动合同

（1）用人单位需支付代通知金或提前一个月通知。

（2）用人单位支付经济补偿，不得低于依照法律规定的计算方式所得出的数额。

4. 劳动合同终止

用人单位支付经济补偿，不得低于依照法律规定的计算方式所得出的数额。代通知金无强制性要求。

5. 赔偿金

（1）标准为经济补偿金的二倍。

（2）用人单位违法解除或终止，劳动者不要求继续履行劳动合同。

6. 劳动者在劳动合同解除或者终止前十二个月的平均工资

（1）劳动者月工资高于用人单位所在直辖市、设区的市级人民政府公布的本地区上年度职工月平均工资三倍的，用人单位向其支付经济补偿金的标准，按职工月平均工资三倍的数额支付，向其支付经济补偿金的年限最高不超过十二年。

（2）劳动者月工资包括工资、奖金、津贴、补贴等，一般是劳动者货币性收入均计算在内。

7. 未订立书面劳动合同二倍工资的计算标准

用人单位自用工之日起，超过一个月未与劳动者订立书面劳动合同，应当

按照《中华人民共和国劳动合同法实施条例》第六条、第七条规定向劳动者每月支付二倍工资，不足一个月的部分按日折算。二倍工资基数应按照劳动者正常工作时间应得工资计算，但不包括以下两项：

（1）支付周期超过一个月的劳动报酬，如季度奖、半年奖、年终奖、年底双薪以及按照季度、半年、年结算的业务提成等。

（2）未确定支付周期的劳动报酬，如一次性奖金、特殊情况下支付的津贴、补贴等。

第五环节　用人单位处理竞业禁止及培训服务期时的九个风险点

　　竞业限制是用人单位对负有保守用人单位商业秘密的劳动者，在劳动合同、知识产权权利归属协议或技术保密协议中约定的竞业限制条款，即劳动者在终止或解除劳动合同后的一定期限内不得在生产同类产品、经营同类业务或有其他竞争关系的用人单位任职，也不得自己生产与原单位有竞争关系的同类产品或经营同类业务。

　　服务期是指用人单位和劳动者在劳动合同签订之时或劳动合同履行的过程之中，用人单位为劳动者支付了特别投资的前提下，劳动者同意为该用人单位工作一定期限的特别约定，是用人单位的投资回收期。

风险点一：劳动者在什么情况下可以解除竞业限制协议

　　用人单位要求劳动者承担竞业限制义务的，应当支付补偿金，且补偿金的支付应当是在职工离职后按月支付（除非劳动者本人同意一次性支付或以其他方式支付），只有用人单位按约定支付补偿金的，竞业限制才具有法律约束力。

　　1. 劳动者解除竞业禁止协议需满足的条件

　　（1）用人单位不按约定支付经济补偿的。

　　（2）劳动者须向用人单位提出支付的要求。

　　2. 用人单位可否单方解除竞业限制协议

　　案例1　甲公司为国内电子元件行业领跑者，具有十分雄厚的电子产品研发和生产能力，多项技术在全国处于领先地位。姚某于2008年进入甲公司，在新产品研发部门从事民用客机某电子元件的研发工作，甲公司与姚某签订了竞业限制协议。协议约定姚某离开甲公司后24个月内不得进入与甲公司有业务竞争关系的单位工作，为此甲公司每月支付姚某相当于其离职前12个月月平均工资的70％作为竞业限制补偿金。

2009年12月，姚某因家庭原因向甲公司提出辞职，并于2010年1月办理了离职手续。此后，甲公司按照竞业限制协议的约定向姚某按月支付补偿金，姚某亦履行了竞业限制义务，未进入与甲公司存在竞争关系的单位工作。2010年5月，姚某收到甲公司的通知，告知其将于6月份甲公司单方解除与姚某签订的竞业限制协议，并将从6月起不再向姚某支付补偿金，且其在就业方面也可不再受竞业限制协议限制。而甲公司解除协议的原因是包括甲公司在内的国内数家公司均已经引进国外同类技术，并比甲公司现有技术先进，甲公司原有技术已毫无保密必要且已向国内众多高校和科研机构公布此项技术，故提前通知姚某解除双方签订的竞业限制协议。姚某得到此通知后数次与甲公司交涉，认为甲公司无权单方面解除竞业限制协议，要求其继续履行。但最终双方未能协商一致，姚某遂向当地劳动仲裁委员会提出仲裁。

分析　我国法律对于竞业限制协议的解除没有明确规定。竞业限制属于劳动法律关系，与民事法律关系不尽相同。在劳动法律关系领域，竞业限制协议的生效和解除也不同于一般的民事合同，正如劳动者享有无理由的任意解除劳动合同的权利一样，劳动者的竞业限制协议也是典型的一种。用人单位应当在竞业限制协议生效前或履行期间享有单方提出解除协议的权利，之所以用人单位能够单方行使合同的解除权，主要是基于竞业限制协议从根本上维护的是用人单位的商业秘密保护权。当用人单位认为其商业秘密无需再继续予以保密时，竞业限制也就丧失了其所依附的基础，要求用人单位必须继续履行该协议则显然对用人单位极其不利。而且，当用人单位商业秘密丧失保护必要时，要求劳动者继续履行竞业限制义务，也是对人才资源的浪费。因此，如果劳动者与用人单位签订的竞业限制协议所依据的客观情况发生变化，用人单位认为无需要求劳动者继续履行竞业限制义务时，作为竞业限制受益方的用人单位应当享有单方解除竞业禁止条款的权利，但是劳动者可以请求用人单位额外支付劳动者三个月的竞业限制经济补偿金。

风险点二：劳动者违反竞业限制协议，用人单位如何取证

（1）劳动者与新用人单位签订的劳动合同。

（2）新用人单位为劳动者缴纳社会保险的证据。

（3）新用人单位为劳动者缴纳个人所得税的证据。

（4）新用人单位向劳动者发放工资的工资条、银行存折方面的证据。

（5）劳动者以新用人单位员工的名义签订的销售合同、采购合同、技术开发合同、技术合作合同等业务方面的证据（此方面的证据有原始证据最佳，如果没有，应该通过电话公证、现场公证等方式进行证据保全）。

（6）劳动者在新用人单位的名片。

（7）新用人单位对劳动者在新用人单位网站、宣传册、广告等载体上的记载。

（8）劳动者自己开办的个体工商户、公司的营业执照的证据，劳动者在公司中担任股东、法定代表人等方面的证据。

（9）其他证人证言、录音等能佐证劳动者从事与本用人单位有竞争关系的业务事实的证据。

风险点三：竞业限制协议未约定补偿金是否有效

案例 2　王某大学毕业后被一家外商投资企业录用，被分配在市场开发部。为了让王某全面熟悉和了解企业的生产、经营等情况，企业即安排王某在每个生产部门实习一段时间，以便尽快掌握企业生产工艺流程。王某进入该企业后，企业就与王某签订了 4 年的劳动合同，同时又签订了一份保密协议，在协议中双方约定了有关竞业限制的条款以及企业在与其终止或者解除劳动合同后，给予王某经济补偿，而王某必须在 2 年内不能自营或为他人经营与本企业有竞争关系的业务，但保密协议并未约定补偿金标准。后来，王某觉得在该企业工作，不能充分发挥自己的专长，于是提前 30 日提出解除劳动合同。该企业

老总得知王某要走，亲自出面找其谈话，虽经再三挽留，但王某还是执意要走。于是，企业与王某解除了劳动关系。事后，王某到另一家同行企业从事同样的工作。原企业得知后就与王某联系，要求王某不要到同行企业从事同样的工作，因为原企业与王某曾签订了竞业限制协议。但王某未予理睬，继续在这家企业工作。原企业在无奈之下就将王某告到劳动仲裁，要求王某履行竞业限制的协议，离开与本单位有竞争关系的企业。

分析　本案争议的焦点是用人单位与负有保守用人单位商业秘密义务的劳动者约定了竞业限制协议，由于用人单位与劳动者就补偿金约定不明，劳动者是否可以此为由拒不履行竞业限制协议？

①我国《劳动合同法》第二十三条规定，对负有保密义务的劳动者，用人单位可以在劳动合同或者保密协议中与劳动者约定竞业限制条款，并约定在解除或者终止劳动合同后，在竞业限制期限内按月给予劳动者经济补偿，但并未对补偿金标准进行规定。

②用人单位与劳动者未约定是否向劳动者支付补偿金，或者虽约定向劳动者支付补偿金但未明确具体支付标准的，基于当事人就竞业限制有一致的意思表示，竞业限制的条款对双方仍有约束力。

③竞业限制协议约定的补偿金数额不明确的，如果用人单位与劳动者双方经过协商达成一致，竞业限制协议应继续履行。负有保守用人单位商业秘密义务的劳动者应该按照竞业限制协议中的条款履行相应的义务。

④竞业限制协议约定的补偿金数额不明确的，如果用人单位与劳动者双方经过协商未能达成一致的，若用人单位放弃竞业限制要求，则相应条款失效；若用人单位坚持竞业限制要求，司法实践中按照劳动者此前正常工资的30%支付补偿金，但限制期不得超过两年。如果月平均工资的30%低于劳动合同履行地最低工资标准的，按照劳动合同履行地最低工资标准支付。

风险点四：补偿金约定过低但违约金约定过高的竞业限制协议的效力

案例3　张某在一家装饰公司从事设计工作，每月工资1万元。入职时，该公司与张某签订过一份 2 年的竞业限制合同。合同约定张某离职后，不得到相关企业从事设计工作，由公司每月支付其 500 元的竞业限制补偿金，如张某违反约定必须支付给公司 10 万元的违约金。2013 年 1 月张某辞职，装饰公司从当月起按月支付其 500 元竞业限制补偿金。直至 2013 年 6 月，装饰公司发现张某 2013 年 5 月时已到一家竞争对手的公司从事设计工作，违反了双方签订的竞业限制约定，遂向劳动人事争议仲裁委员会提起仲裁申请，要求张某支付竞业限制的违约金 10 万元。

分析　违约金的数额、承担责任的范围和支付方式，应由用人单位与劳动者双方按照公平、合理的原则在竞业限制协议中约定。劳动者违反约定的，应当承担违约责任。根据合同法的一般原理，通常认为用人单位与劳动者双方当事人约定的违约金数额高于因劳动者违约给用人单位造成实际损失的，劳动者应当按照双方约定承担违约金；约定的违约金数额低于因劳动者违约给用人单位造成实际损失的，用人单位请求赔偿的，劳动者应按照实际损失赔偿。但约定的违约金数额畸高的，当事人可以要求适当减少。

司法实践中，对于用人单位与劳动者双方约定的违约金数额不足以抵销劳动者实际造成的损失的，用人单位可以要求劳动者按实际损失额赔偿，但用人单位对于损失的事实及数额应承担举证责任，此种举证很难完成。

而对于用人单位与劳动者约定的违约金数额高出劳动者在用人单位工作期间工资所得，属于重大误解、显失公平情形的，应认定无效，可依照用人单位支付的竞业限制补偿的金额标准确定劳动者的违约责任。

风险点五：用人单位约定月工资中已包含竞业限制补偿金的效力

案例 4　廖某被某服务公司录用为销售经理。入职时，廖某与该服务公司在签订劳动合同的同时，一并签订了竞业限制协议，并在该竞业限制协议中约定注明竞业限制的补偿金并入工资中每月发放。两年后，廖某提出离职，公司在其离职后以补偿金已在工资中发放为由不予支付补偿金。两个月后，该服务公司在得知廖某加入竞争对手公司并为竞争对手拿下一个大单后，对廖某提起劳动仲裁，要求廖某赔偿经济损失。

分析　劳动者的工资及福利待遇属于劳动报酬的范畴，是劳动者在履行劳动合同义务期间的应得报酬，是劳动者参加劳动的分配所得。竞业限制补偿是对劳动者在劳动合同终止或解除以后不能就业或限制从业期间的补偿，是员工离职后方能产生的补偿费用，属补偿金性质，其与劳动报酬二者性质完全不同，支付依据也不同，工资及福利待遇中显然不能包含离职后方能产生的费用，就如解除劳动合同的经济补偿金不能约定包含在工资中一样。因此，该服务公司将月工资约定为包含了竞业限制补偿金，并无法律依据。

风险点六：未约定竞业限制补偿，
但劳动者已履行协议是否需支付补偿金，
或者劳动者不履行竞业限制协议是否需承担违约责任？

案例 5　2008 年 10 月，林某进入一软件公司，从事软件开发工作，每月工资 1.2 万元。2010 年 10 月，林某与该公司签订了无固定期限劳动合同，合同约定："林某在离开公司后两年内不得自营或到与本软件公司有竞争关系的同行业其他公司就职。"但林某与该公司在合同中对于竞业限制期内的经济补偿数额未进行任何约定。2011 年 5 月 30 日，该软件公司与林某协商一致解除劳动合同，林某离开公司。2011 年 10 月林某找到公司表示，其离职后，一直未违反双方竞业限制的约定，而公司未支付其竞业限制期内的经济补偿，故要求公司支付上述经济补偿。而软件公司则表示，双方在劳动合同中未对竞业限制补偿金数额进行过任何约定，故劳动合同中有关竞业限制的约定为无效条款，因此拒绝了林某的要求。

分析　（1）用人单位与劳动者双方在劳动合同中虽未对竞业限制经济补偿数额进行约定，但不影响竞业限制本身的效力。

（2）但是如果林某在离职一年后再主张补偿金，则已超过仲裁时效。

（3）如果劳动者不履行竞业禁止协议，即使支付了违约金，也不意味着无须继续履行竞业限制义务。根据最高人民法院《关于审理劳动争议案件适用法律问题的解释（一）》第四十条规定，劳动者违反竞业限制约定，向用人单位支付违约金后，用人单位要求劳动者按照约定继续履行竞业限制义务的，人民法院应予支持。

风险点七：用人单位违法解雇劳动者，劳动者可否不再履行竞业限制协议

案例 6 谢某原系世华培训公司员工，自 2007 年 12 月 11 日起担任该公司运作部主任。2008 年 1 月 19 日，谢某与该公司签订了自当日起的无固定期限劳动合同，谢某月工资标准为 3200 元。

2009 年 7 月 1 日，谢某与公司签订《员工保密及竞业限制协议书》，其中约定："甲方：公司；乙方：谢某……三、乙方承诺，其在甲方任职期间及离职之后两年之内，非经甲方事先书面同意，不得在与甲方生产、经营同类产品或提供同类服务的其他企业、事业单位、社会团体内担任任何职务，包括股东、合伙人、董事、监事、经理、员工、代理人、顾问等；乙方承诺，在离职之前或者离职之后两年之内，不得抢夺甲方客户，或者引诱甲方其他员工辞职，损害甲方的合法权益，也不得自营与甲方相同或者具有竞争关系的产品或者服务。"2009 年 8 月 21 日，公司认为谢某违反单位规章制度与其解除劳动关系。

2009 年 8 月 21 日双方解除劳动合同后，公司就根据双方签署的竞业限制协议书的约定向谢某支付竞业限制补偿费。后谢某将公司诉至劳动仲裁。经一裁两审，认定公司解除劳动合同系违法，由公司向谢某支付违法解除劳动合同赔偿金。

2010 年 6 月 12 日，谢某注册成立建伟培训公司。世华培训公司认为，建伟培训公司从事的业务明显与世华培训公司相同，违反了谢某与其签署的《员工保密及竞业限制协议书》，因此将谢某诉至劳动仲裁委员会，要求谢某继续履行员工保密及竞业限制协议，支付约定的违约金 10 万元并承担 10.5 万元的赔偿金。

分析 第一种观点：确认竞业限制协议不发生法律效力并不当然导致着商业秘密的泄露，劳动者应当继续履行保密义务；用人单位已经违法解除劳动

合同，若再以竞业限制来约束劳动者，无疑是对劳动者的进一步伤害；用人单位应当承担因其自身的违法行为所带来的不利后果，竞业限制协议的失效可以警示用人单位促使其完善内部的管理制度。

第二种观点：越来越多的用人单位选择签订的是竞业限制协议而不是单纯只签订保密协议，保密协议只是要求劳动者尽到保密的义务，单方履行即可；而竞业限制的约束，则固定了劳动者的再次就业范围，不会对原用人单位在市场竞争中带来风险，避免了不必要的损失。再者是侵犯商业秘密在司法实践中存在着举证困难的现实问题，法律成本高，常常导致诉讼效率低下。现实中，用人单位常常在竞业限制协议中列举了劳动者在离岗后不得从事工作的企业范围，也就是说，一旦劳动者进入这些用人单位即可认定为违反协议，解决了举证困难的问题。所谓的用人单位应当承担违法解除劳动合同的一切不利后果的说法也是不妥的，用人单位已经承担了违法解除的赔偿金，若再付竞业限制协议失效的代价，未免有扩大损失之嫌，有失公平。

笔者更倾向于第二种观点，不论是用人单位还是劳动者，由于各自所处的地位有所差异，因此各自关注的焦点有所不同，但并非无法进行有效规制，从而避免因为竞业限制引发的纠纷。

①对用人单位而言，用人单位在劳动关系中处于优势地位，是受劳动法的倾斜保护的，用人单位的利益都是放在劳动者利益之后的。所以用人单位应当采取一定措施加强商业秘密的维护，增强企业自身的法律意识。劳动者之所以会泄露掌握的商业秘密，归根到底是为了谋求利益。对用人单位来讲，首先应当加强教育强化从业人员的法律意识、道德水平、诚信素质；其次，应当提高劳动者的待遇，对接触商业秘密的劳动者特别是高级管理人员给予较高的工资、奖金等，以留住人才；再次，用人单位应将劳动合同长期化，以用人单位的文化、精神凝聚人心，这样既解除了劳动者的后顾之忧，增强了劳动者对用人单位的亲和力，又可以避免随意跳槽；最后，将一些掌握商业秘密的劳动者吸收为股东，把他们的利益和用人单位的利益捆绑在一起。这些措施都能有效地减少竞业限制纠纷的发生。

在劳动合同解除之后，用人单位若认为劳动者掌握的商业秘密已经成为行业公知或者根本就无法威胁到本用人单位在市场中的竞争地位，劳动者已无须再履行竞业限制时，则需要在劳动合同解除后明确告知劳动者，最好是以书面的形式告知，养成良好的证据意识，也为今后一旦发生竞业限制纠纷的举证做好准备，避免不必要的麻烦。

②对劳动者而言，劳动者始终处于劳动合同关系的不利地位，这一点毋庸置疑，因此劳动者更要学会利用法律武器维护自己的合法权益，当然，在维护自己的合法权益的同时也不要侵犯到他人的合法权益。在劳动合同解除之后，若自己之前已经与用人单位签订过竞业限制协议，则要及时检查自己有无收到用人单位的竞业限制经济补偿金，或者提醒原用人单位支付，以避免自己做无用功甚至丧失新的就业机会；在自己已经履行了相应义务而用人单位又明确拒绝支付经济补偿金的，可向人民法院提起诉讼。

风险点八：约定服务期就能阻止劳动者跳槽吗

1. 服务期与劳动合同期限的区别

（1）服务期是指用人单位和劳动者在劳动合同签订之时或劳动合同履行的过程之中，用人单位为劳动者支付了特别投资的前提下，劳动者同意为该用人单位工作一定期限的特别约定，是用人单位的投资回收期。

（2）劳动合同期限简称合同期，是劳动合同的必备条款，指用人单位与劳动者在劳动合同中约定的劳动合同履行期限。服务期是用人单位与劳动者另行约定的服务期限，可独立于劳动合同期限而适用。

（3）劳动合同期与服务期性质是不同的，合同期是《中华人民共和国劳动合同法》规定的劳动合同必备条款之一，具有鲜明的法定性，包括固定期限、无固定期限、以完成一定工作任务为期限，用人单位和劳动者应当选择劳动合同的期限。而服务期是当事人以劳动合同或者专门协议的形式特别约定的，带有任意性的特征。劳动合同期限的利益主要归属于劳动者，用人单位非法定理由不能随意解除劳动合同，而服务期的利益则完全归属于用人单位，劳动者在服务期内不能随意解约，并不是在什么情况下用人单位都可与劳动者约定服务期，《中华人民共和国劳动合同法》第二十二条规定，用人单位为劳动者提供专项培训费用，对其进行专业技术培训的，可以与该劳动者订立协议，约定服务期。

（4）在劳动合同期限内，劳动者只要履行提前通知程序，就可解除劳动合同，劳动合同期限对劳动者并无实质的约束力。而在服务期内，劳动者不能随意解约,否则需承担违约责任。

2. 用人单位为劳动者提供特殊待遇与服务期的分析

案例 7　沈某于 2003 年 7 月 23 日进入某物流公司处工作,担任总裁助理一职。2006 年 2 月 24 日,沈某与该物流公司签订《住房补贴合同》一份,约定由公司支付沈某住房补贴费 10 万元,沈某必须为公司服务 8 年,即自 2006 年 2 月 24 日起至 2014 年 2 月 23 日止,并且沈某应遵守公司各项规章制度,为公司发展做出应有的贡献。同时,该合同中还约定如果 8 年服务期未满,沈某提出离职或因重大违纪、违法被公司除名、辞退,沈某应全额赔偿公司出资的住房补贴费。

2008 年 7 月 28 日,沈某与公司又另行签订《购车补贴合同》一份,同样约定由公司支付沈某购车补贴费 15 万元,而沈某必须为公司服务 5 年,即自 2008 年 7 月 28 日起至 2013 年 7 月 27 日止;若 5 年服务期未满,沈某提出离职或因重大违纪、违法被公司除名、辞退,沈某应全额赔偿公司出资的购车补贴费。

2010 年 9 月 27 日,沈某因个人原因向公司提出辞职。同年 9 月 30 日,双方劳动关系解除。2010 年 10 月 26 日,物流公司向劳动人事争议仲裁委员会提起申诉,要求沈某退赔补贴费用 25 万元。

分析　本案涉及的是服务期及特殊待遇的争议,关键点在于:用人单位以为劳动者提供特殊待遇为由与劳动者签订服务期协议是否有效?本案中劳动者应承担什么责任?

在 2008 年《中华人民共和国劳动合同法》出台之前,各地对服务期的约定条件、履行方式各不相同。天津在此之前仅在《天津市事业单位实行人员聘用制实施办法》中规定,当事人双方经协商一致,可以在聘用合同中对聘用单位提供特殊待遇、受聘人员的服务期限和违约责任作出约定。除此之外并无其他规定,因此司法实践中采取尊重当事人约定的态度处理相关案件。也就是说,在 2008 年前,劳动者与用人单位之间对于提供特殊待遇是明确可以约定服务期的。本案中,双方于 2006 年签订的《住房补贴合同》合法有效,沈某未履行义务,应当按协议承担相应责任。

2008 年《中华人民共和国劳动合同法》出台,其中明确规定了用人单位与劳动者可以约定违约金条款的两种情形:服务期协议和竞业限制协议。针对可约定服务期的情况，规定仅限于用人单位出资培训一种情形，而对于提供特殊待遇是否可以约定服务期，并未明确规定。笔者认为，特殊待遇并不属于可约定违约金的情形之一，但若公司提供了特殊待遇，应当属于一种预付的性质，劳动者离职时应当按比例返还较为公平。特殊待遇作为用人单位对劳动者提供的特殊资源，劳动者因此而获得利益。因此，用人单位履行了这种特殊义务后，虽不能要求劳动者承担违约责任，但可以根据义务的不对等而要求劳动者返还相应用人单位所提供的特殊待遇，这样才能达到双方权利义务的平衡。

本案中，2006年2月24日双方签订的《住房补贴合同》适用当时的法律，合法有效，双方应当全面履行。沈某的离职行为构成违约，应当承担合同中约定的违约责任。对于2008年7月28日双方签订的《购车补贴合同》由于与法律规定相冲突，没有法律效力，根据特殊待遇预付的性质，公司可以要求沈某按比例予以返还。

住房补贴和购车补贴是公司在正常劳动合同之外，另行给予沈某的一种特殊待遇，而作为对价沈某承诺向公司服务一定的期限，双方由此形成书面补贴协议，并不违反法律规定，且系双方当事人真实意思之表示，故应为有效。然而，沈某却违反协议约定单方提前解除与公司的劳动关系，使这种对价关系遭到破坏，因此，公司主张要求沈某退赔全额补贴款，并无不当，应予支持。

劳动合同法作为雇员受益法，调整的是强势用人单位与弱势劳动者之间的社会关系，其通过倾斜立法的方式赋予弱势劳动者一定的利益、适度限制用人单位的权利，目的是促使个别劳动关系实现相对平等。但本案中，沈某在用人单位系高级管理人员，其本身就已具有较高的社会经济地位、职业技能及与用人单位进行议价的能力，已非一般意义上的弱势劳动者。因此，劳动法律规范对其进行调整不应再过多给予倾斜，而应更强调双方当事人之间的平等协商和诚实信用。故现公司基于沈某不诚信的提前解约行为，要求其承担相应的违约责任，并不违背劳动合同法的上述立法目的和立法精神，因此，沈某应赔偿公司全部已支付的住房、购车补贴。

3. 劳动者违反服务期约定的违约责任

（1）用人单位可与劳动者约定服务期的情形。

用人单位为劳动者提供专项培训费用，对其进行专业技术培训的，可以与该劳动者订立协议，约定服务期。注意这里的专项培训费用的适用范围，与用人单位提供的正常的职业培训是有区别的。按照国家有关规定，用人单位必须按照本单位工资总额的一定比例提取培训费用，用于对劳动者的职业培训，这部分培训费用的使用不能作为与劳动者约定服务期的条件。约定服务期必须是针对特定的劳动者，且用人单位为该劳动者提供专项的培训费用进行专业技术培训。

（2）服务期的年限。

《中华人民共和国劳动合同法》未对劳动者的服务期的年限做出具体规定。服务期的长短可以由劳动合同中的双方当事人协议确定，但是，用人单位在与劳动者协议确定服务期年限时要遵守两点：第一，要体现公平合理的原则，不得滥用权力。比如，用人单位为劳动者提供了 2000 元进行专业技术培训，但约定劳动者需为用人单位服务 10 年，这种约定显然有失公平。第二，用人单位与劳动者约定的服务期较长的，用人单位应当按照工资调整机制提高劳动者在服务期间的劳动报酬。

（3）劳动者违反服务期约定的责任。

劳动者违反服务期约定的，在服务期内解除劳动合同，应当按照服务期协议向用人单位支付违约金，违约金的数额不得超过用人单位提供的培训费用。用人单位要求劳动者支付的违约金不得超过服务期尚未履行部分所应分摊的培训费用。

案例 8　曹某与公司签订了无固定期限劳动合同。2008 年公司安排曹某参加业务培训，曹某表示自己正在自费学习业务课程，不必再另行培训，但要求公司给予报销费用。公司同意了曹某的要求，给予报销费用 1 万元。一年后曹某因跳槽而辞职，公司表示已报销曹某的培训费，曹某应为公司服务 5 年，否则应进行赔偿。

分析　从内涵上看，专项培训费用是用人单位为了对劳动者进行专业技术培训而支付的费用，上岗前关于安全生产、操作流程等的培训不在此列；从外延上看，用人单位为劳动者支付的专项培训费用既包括直接费用，如培训费，也包括间接费用，如培训期间的差旅费等。但是，由于《中华人民共和国劳动合同法》没有对专项培训费用做出规定，实践中对违约金数额大小，哪些费用属于培训费用等问题存在不同的观点。为了更好地实施劳动合同法有关服务期的相关规定，防止用人单位在计算违约金时不合理地扩大数额，维护用人单位和劳动者的合法权益，《中华人民共和国劳动合同法实施条例》对专项培训费用做出了明确规定，即培训费用包括用人单位为了对劳动者进行专业技术培训而支付的有凭证的培训费用、培训期间的差旅费及因培训产生的用于劳动者本人的其他直接费用。而本案中，曹某虽自行支付了培训费，但最终该费用由公司予以报销，仍属于用人单位所支付的专项培训费，如果双方为此订立了服务期协议，亦有效。

案例 9 某公司于 2009 年 4 月 13 日，派其员工张某赴日本培训，期限自 2009 年 4 月 13 日至 2009 年 4 月 25 日，性质为专项技术培训。后公司与张某就劳动合同的履行产生纠纷。公司认为，公司与张某就本次培训订立了培训与服务期协议，并约定服务期为 3 年，张某否认该协议为本人签字。审理调查得知，该培训与服务期协议系张某前妻（张某同事）代签张某的名字，张某表示不知情。

分析 第一种意见认为，本案中同事代签字行为无效。劳动合同关系的主体是用人单位和劳动者，因此劳动关系项下的如劳动合同、服务期协议等必须由用人单位和劳动者就合同的主要条款达成一致并签字才能成立和生效。

第二种意见认为，上述培训与服务期协议已产生法律效力。本案中，尽管张某未在协议书上签字，但事后其知晓了协议内容，并以实际行动接受并履行了协议，故有效。

笔者认为，劳动关系项下的如劳动合同、服务期协议等是劳动者与用人单位之间明确双方权利和义务的协议，具有特定人身附属性，除非事后得到当事人的追认，否则属于无效。

4. 服务期限与劳动合同期限不一致的处理

服务期是以当事人双方劳动关系的存在为前提的，如果双方不存在劳动关系，那么就谈不上有服务期的约定。劳动合同中的服务期条款或双方另行签订的专项合同（培训协议/服务期协议），均是劳动合同的组成部分，是对劳动合同的补充，与劳动合同具有同等的法律效力。用人单位和劳动者对服务期的约定，可以视为双方对劳动合同期限的变更。

服务期可以大于劳动合同期，也可以在劳动合同期限内或与劳动合同期限相一致。《中华人民共和国劳动合同法》对于服务期的长短没有进行具体规定，在实际操作中，用人单位可以根据培训费用的多少、培训类型、培训对象等多种因素，与劳动者协商后约定一个合理的服务期限。

在实务中，服务期条款或培训协议/服务期协议中对于服务期的起算时间最好予以明确，可以约定自培训结束之日起计算，或约定从培训协议/服务期协议签订之日起计算，也可以约定从劳动合同期限届满之日起计算。如果约定从培训结束之日或培训协议/服务期协议签订之日起计算，就存在服务期与劳动合同期部分重叠的情况。如果劳动合同的当事人约定的服务期限大于劳动合同期限，在劳动合同期满后，如何处理，存在两种观点：第一种观点，用人单位放弃对剩余服务期要求的，劳动合同可以终止，但用人单位不得追索劳动者服务期的赔偿责任。劳动合同期满后，用人单位继续提供工作岗位要求劳动者继续履行服务期的，双方当事人应当续订劳动合同。因续订劳动合同的条件不能达成一致的，双方当事人应按原劳动合同确定的条件继续履行。继续履行期间，用人单位不提供工作岗位，视为其放弃对剩余服务期的要求，劳动关系终止。第二种观点，劳动合同到期后，用人单位不得随意终止双方的劳动关系，除非双方协商一致或劳动者出现了法律规定的用人单位合法解除情形，而剩余的服务期仍然属于双方劳动关系存续期。笔者更倾向于该种观点。双方当事人应当续订劳动合同。因续订劳动合同的条件不能达成一致的，双方当事人应按原劳动合同确定的条件继续履行。

案例 10　某用人单位与某劳动者的服务期协议中约定服务期为 3 年，自培训结束之日起计算，即自 2005 年 3 月 5 日至 2008 年 3 月 4 日。而用人单位与该劳动者所签订的劳动合同中约定的劳动合同期限是自 2004 年 10 月 10 日至 2006 年 10 月 9 日。

分析　2005 年 3 月 5 日至 2006 年 10 月 9 日期间，就是劳动合同期限与服务期限的重叠。由于服务期协议是劳动合同的补充部分，是其重要的组成部分，服务期协议中关于服务期的约定相当于对劳动合同中的劳动合同期限进行了变更，即将劳动合同期限届满之日由原来的 2006 年 10 月 9 日变更为 2008 年 3 月 4 日。至于 2006 年 10 月 10 日至 2008 年 3 月 4 日期间内，劳动合同的其他内容双方可以协商，如果协商不成，则按原劳动合同的内容继续履行。

5. **劳动合同解除与违反服务期违约金的适用**

案例 11　2009 年 12 月 31 日，张某与某工程公司签订了为期 3 年的劳动合同书，约定张某到该工程公司担任人事经理一职，月工资标准为 1 万元。2010 年 9 月 16 日，在该工程公司为张某提供了为期 3 个月的专项培训之后，双方又签订了服务期协议。该协议第七条约定：张某自即日起至 2013 年 9 月 15 日 3 年内，需要继续按照原劳动合同约定的权利和义务为工程公司提供劳动。2012 年 8 月，该工程公司以张某严重违纪为由与其解除劳动关系，后张某以工程公司违法解除劳动合同为由提起劳动仲裁申请，要求工程公司支付违法解除劳动合同赔偿金。后该工程公司被判定为违法解除劳动合同，工程公司应按照张某的工作年限及工资标准支付其违法解除劳动合同赔偿金 6 万元。

此后，该工程公司又提起劳动仲裁申请，以张某未能履行服务期为由要求张某支付违反服务期约定的违约金。张某则主张因工程公司违法解除劳动合同在先，故双方无须继续履行服务期约定，工程公司要求其支付违反服务期约定违约金的请求缺乏依据。

分析 根据《中华人民共和国劳动合同法实施条例》第二十六条规定，用人单位与劳动者约定了服务期，劳动者依照劳动合同法第三十八条的规定解除劳动合同的，不属于违反服务期的约定，用人单位不得要求劳动者支付违约金。即在用人单位有过错的情况下，劳动者可以单方提出解除劳动合同，且无需履行服务期。而如果用人单位提前单方解除劳动合同又要向员工主张违约金的，需符合以下情形：（一）劳动者严重违反用人单位的规章制度的；（二）劳动者严重失职、营私舞弊，给用人单位造成重大损害的；（三）劳动者同时与其他用人单位建立劳动关系，对完成本单位的工作任务造成严重影响，或者经用人单位提出，拒不改正的；（四）劳动者以欺诈、胁迫的手段或者乘人之危，使用人单位在违背真实意思的情况下订立或者变更劳动合同的；（五）劳动者被依法追究刑事责任的。以上均是基于劳动者过错，用人单位可以向劳动者主张违反服务期违约金。

本案中违法解除劳动合同不属于上述情形，因此，最终经过劳动仲裁及人民法院审理，对于用人单位的主张未予支持。在此，也特别提醒用人单位，在用工过程中一定要保守法律底线，规范用工。否则，用人单位的隐性风险将给公司带来更多的损失。

风险点九：设定服务期时，HR 必须掌握的防范要点

1. 用人单位在哪些条件下能够与劳动者签订服务期协议

（1）用人单位与劳动者存在劳动关系。

服务期存在的前提就是用人单位与劳动者具有劳动关系，由于劳动关系的人身属性，只有劳动者先属于用人单位的一员，向用人单位提供合法劳动，签订服务期才具备适格条件。

（2）用人单位为劳动者提供了专业技术培训。

虽然劳动者与用人单位具备劳动合同关系是服务期存在的前提，但若想约定服务期还必须满足两个条件：一是用人单位为劳动者提供专项培训费用；二是该培训费用支出目的是为劳动者提供专业技术培训。

（3）用人单位与劳动者就专项培训及服务期限、违约金支付协商一致。

虽然劳动者与用人单位具备劳动合同关系，也为其提供专项培训，但服务期的产生是双方合意的结果，因此，必须就服务期的履行达成协议而不能强制约定。

2. 哪些费用属于劳动法意义上的培训费用

从内涵上看，专项培训费用是用人单位为了对劳动者进行专业技术培训而支付的费用，上岗前关于安全生产、操作流程等的培训不在此列；从外延上看，用人单位为劳动者支付的专项培训费用既包括直接费用如培训费，也包括间接费用，如培训期间的差旅费等。

《中华人民共和国劳动合同法实施条例》对专项培训费用做出了明确规定，即培训费用包括用人单位为了对劳动者进行专业技术培训而支付的有凭证的培训费用、培训期间的差旅费及因培训产生的用于劳动者本人的其他直接费用。

3. 劳动者违约金的支付

（1）劳动者违约金支付的上限：不得超过用人单位为其提供的培训费用。

（2）违约金计算公式。

违约金＝（培训费用÷服务期期限）×（服务期签订期限－服务期已履行期限）。

（3）违约金的组成。

违约金总额＝有凭证的培训费用＋有凭证的培训期间的差旅费＋有凭证的伙食费＋有凭证的其他用于该劳动者的直接费用。

需要提醒的是，培训期间的工资不能计入违约金。

4. 对于试用期的培训能否向劳动者追索培训费？

《劳动部办公厅关于试用期内解除劳动合同处理依据问题的复函》（劳办发〔1995〕264号）规定："用人单位出资（指有支付货币凭证的情况）对职工进行各类技术培训，职工提出与单位解除劳动关系的，如果在试用期内，则用人单位不得要求劳动者支付该项培训费用。"从该复函看，劳动者在试用期内解除劳动合同的，无须赔偿用人单位支付的培训费用，即使劳动合同中有约定，该约定也无效。然而，由于此复函目前已被人力资源社会保障部予以废止，因此，目前对于在试用期内的培训费用，用人单位是否可以向劳动者予以索赔没有明确的法律规定。

笔者认为，用人单位是否可以向劳动者进行索赔要区分具体情况予以处理。用人单位为劳动者提供专业技术培训，并承担培训费用，虽然从根本目的上看，是为了用人单位的利益。但劳动者在过程中提升了自身专业技能，且能够接受用人单位提供专业技能培训的劳动者并非普通劳动者，因此，劳动者接受该培训后理应为用人单位提供服务。试用期内，若由于劳动者自身原因导致劳动合同无法继续履行，那么劳动者应对培训费予以赔偿；若非由于劳动者原因致使劳动合同无法继续履行，则劳动者无须进行赔偿。

5. 用人单位解除服务期无权要求劳动者支付违约金的情形

（1）劳动合同期限等同于服务期期限的：用人单位单方面放弃要求劳动者继续履行服务期义务的（劳动合同关系仍然存续），这种情况下劳动者辞职将不承担违约金支付义务。

（2）劳动合同期限小于服务期期限的：劳动合同期满后用人单位要求继续履行劳动合同的，服务期继续有效。如劳动合同到期后用人单位不愿意续约的，可以终止劳动合同，劳动者无须履行服务期义务，不承担违约金。

（3）劳动合同期限长于服务期期限的：用人单位在服务期满后可以不再要求劳动者履行相关义务，劳动者在服务期期满后劳动关系存续期间辞职的，不承担违约金支付义务。

6. 用人单位解除服务期有权要求劳动者支付违约金的情形

不论劳动合同期限与服务期期限是否一致，当劳动者存在《中华人民共和国劳动合同法》第三十九条第二、三、四、五、六款规定而被用人单位解除劳动合同的，且在解除劳动合同以前从未书面表示放弃服务期权益的，劳动者应该承担违约金支付义务。

7. 用人单位可以与劳动者签订多长时间的服务期

服务期订立期限是指用人单位在提供专项培训后，与劳动者协商一致确定的、由劳动者向用人单位提供符合等价交换原则的特定劳动时间。法律对于专项培训服务期长短未作规定，具体期限可以由用人单位与劳动者协商确定。通常情况下为 2 年至 8 年较为合理。

8. 用人单位在与劳动者约定服务期时应注意以下几点

（1）一般试用期内不提供专项培训，如需提供应当缩短试用期时间或放在试用期之后再进行专项培训。

（2）专项培训一定要选择用人单位的核心员工、认同用人单位发展理念，能够长期为用人单位服务的员工。

（3）要制定培训目标和计划，完成每个目标需劳动者确认。

（4）服务期协议必备条款需完善，最好有专业人士把关（包括服务期期限、履行期间权利义务、违约责任等）。

（5）用人单位计提的职工教育经费只能用于职工后续职业教育和职业培训，不要用于专项培训。用该费用支付员工专项培训费用有败诉风险。

第六环节　用人单位在处理员工加班及休假时的八个风险点

近年来劳动仲裁机构和人民法院受理的加班费争议案件呈爆发态势。大量引发加班费争议的直接原因是申请劳动仲裁时效的延长、劳动者权利意识的复苏，纷纷要求追讨历史欠账，根本原因是大部分用人单位存在长期超时加班并没有严格按照劳动法支付加班费，有关部门也没有及时查处。正是基于以上认识，为妥善解决因加班工资而引发的用人单位与劳动者之间的矛盾，笔者认为有必要认真研究加班工资争议中的法律问题。

风险点一：加班工资的基数处理

1. 用人单位与劳动者可以就加班费基数进行约定吗

可以，但不应低于当地的最低工资标准。

2. 加班费的追索有时效规定吗

有，但各地掌握尺度不一，有按 1 年仲裁时效处理的，也有按 2 年认定的。虽然根据《中华人民共和国劳动争议调解仲裁法》第二十七条规定，劳动报酬并无时效，但基于加班费在司法实践认定中的特殊性，一般劳动仲裁和人民法院均按 2 年时效认定，其依据是用人单位保留工资台账为 2 年以上。

3. 工资、奖金、津贴、补贴等必然成为计算加班费的基数

司法实践中，已将防暑降温费、取暖补贴、电话补贴、交通补贴等纳入补贴项，除非约定加班费基数，否则均计算在内。

4. 劳动合同约定了工资标准，而实际发放中与劳动合同约定有差异，以哪个作为计算加班费的基数

用人单位与劳动者未约定加班费计算基数的，应根据集体劳动合同确定。没有集体劳动合同的，应按照劳动者应得工资确定。劳动者应得工资难以确定的，以劳动者主张权利或者劳动关系解除、终止前 12 个月的平均工资（含奖金）作为计算加班费的基数。

案例 1　周某系某电子公司的员工，于在职期间向公司提起追索加班工资差额的劳动仲裁。周某认为，其工资由基本工资和职务津贴两部分构成，但公司在计算加班工资时，仅以基本工资作为计算基数不合法，应当以工资总额作为计算加班工资的基数，故要求公司补足差额部分。公司认为，将基本工资作为加班工资的计算基数，不仅在双方的劳动合同中进行了明确约定，也在公司规章制度中予以明确规定，双方也按照这一约定已经履行了两年，周某从未提出过异议，并且每月的加班工资在发放前五日均需由劳动者本人确认无误后才予以发放的，而周某也从无异议。另外，关于加班工资究竟以什么作为计算基数，法律并无明文规定，属于用人单位与劳动者双方可以约定的事项。因此，公司认为，公司以基本工资作为加班工资的计算基数并无不当，请求驳回周某的劳动仲裁请求。

分析　①司法实践中对于约定加班费基数已经认可，但约定的加班费基数至少不应低于当地最低工资。

②对于加班费的时效问题，各地掌握尺度不一，有按 1 年仲裁时效处理的，也有按 2 年认定的。虽然根据《中华人民共和国劳动争议调解仲裁法》第二十七条规定，劳动报酬并无时效，但基于加班费在司法认定中的特殊性，一般劳动仲裁机构和人民法院均按 2 年时效认定，其依据是用人单位保留工资台账为 2 年以上。

案例 2　张某在某科技公司工作了才 7 个月，进公司的时候，张某与该科技公司协商一致确定其工资待遇是每月 5000 元，职位是经理助理。之前的 6 个月，张某的工资条都是正常的底薪 5000 元，然后扣除应缴纳的社会保险部分，但是这个月由于公司业务增加，周末和假期经常加班，公司突然要求要把工资拆分掉，工资发放时，工资条写的是 1600 元底薪、2000 元考核绩效奖金、1400 元其他补助。张某的工作内容是对接客户和处理合同等文件，公司根本没有给任何考核制度标准，本来加班费的基数是按 5000 元来算的，现在直接降到按 1600 元来算。这样一来，张某的加班费一下子就少了很多。请问这样合理吗？

分析　①本案中工资结构中加班费计算基数不会改变。

②如果加大加班费比重，则必须对应着加班时数。

③如果加大绩效工资或奖金比重，则要对绩效考核流程予以完善，如此才能将绩效中对于加班费的影响降至最小。

风险点二：司法实践中对于加班的举证责任分配

案例3 孙某于2013年3月18日进入某装备公司从事运营助理工作。孙某工作期间实行标准工时制，每天8点30分上班、17点30分下班。孙某认为，其工作期间存在周六日加班及延时加班情形，为此提供了考勤表等证据，考勤表并无公司盖章或法定代表人、其他负责人签字，装备公司对该考勤表不认可。与此同时，该装备公司否认孙某工作期间存在周六日上班及延时加班情形，为此提供了孙某2014年4月28日至2015年3月31日期间打卡记录，孙某认可该打卡记录真实性。经核对打卡记录，显示孙某在此期间存在7天周六上班，平常有晚打卡下班现象，装备公司表示孙某在上述时间内的上班系其部门安排。对于延时问题，装备公司表示，并非部门安排孙某晚下班，系孙某自身原因。

分析 ①劳动者的举证责任：对于加班的举证责任分配事宜，劳动者仅进行初步举证即可。

②用人单位举证责任：是否有考勤，如有考勤，则必须提供；如无考勤，则无须提供。

③如果用人单位与劳动者双方均无法证明存在加班，司法实践中则不支持加班费主张。

④如果劳动者提供了考勤，而用人单位不予认可，则视考勤本身内容而定，如有法定代表人、其他负责人签字或盖章，而用人单位无法反证的，则以劳动者提供证据为准，如考勤无法定代表人、其他负责人签字或盖章等有显著标志的，则无法起到证明作用，只能另行提供其他证据予以佐证。

风险点三：用人单位实行特殊工时工作制后是否还计付加班费

特殊工时制是相对于标准工时制而言的，主要有两种：一种是不定时工作制，指的是用人单位因工作情况特殊，需要安排职工机动作业，无法实行标准工时制度，采用不确定工作时间的工时制度；另一种是综合计算工时制，指的是用人单位因工作情况特殊或受季节和自然条件限制，需要安排职工连续作业，无法实行标准工时制度，采用以周、月、季、年等为周期综合计算工作时间的工时制度。无论是实行综合计算工时制的职工，还是实行不定时工时制的职工，都需要劳动部门的审批。

采用特殊工时制的劳动者，春节加班有没有加班费的问题。根据国家相关法律法规之规定，春节三天加班，均需按日工资标准的300%支付每日加班费，其余四天调休而来的休假日，采用不定时工作制的人员不享受加班费，采用综合计算工时制的职工，只有在综合计算周期内，实际工作时间总数超过该周期的法定标准工作时间总数，超过部分才可以视为延长工作时间。也就是说，四天调休而来的休假日，如果综合计时制职工整个工作时间没有超过周期内的法定标准工作时间总数，就不存在加班；如果超过，就应当算加班，但他们的加班只能按日工资标准的150%支付每日加班费。

风险点四：计件工资中还存在加班费问题吗

案例4　王某系某厂合同制工人，在签订劳动合同时约定：该厂实行计件工资。次年6月，工厂接受大批来料加工业务，为了尽快完成任务，厂方征得工会同意后要求王某等人加班加点工作，多劳多得。王某等人同意了厂方的加班要求，并在7月至11月期间多完成正常定额1倍以上的工作量，但厂方却一直按正常计件标准支付王某的报酬。王某认为其在正常工作时间以外加班超额完成定额，厂方应支付加班费。厂方认为本厂实行计件工资，多劳多得，不存在加班工资一说。

分析　①并非实行计件工资就无加班费。

《中华人民共和国劳动法》第三十七条规定，对实行计件工作的劳动者，用人单位应当根据本法第三十六条规定的工时制度合理确定其劳动定额和计件报酬标准。

劳动部《关于印发〈工资支付暂行规定〉的通知》第十三条规定，用人单位在劳动者完成劳动定额或规定的工作任务后，根据实际需要安排劳动者在法定标准工作时间以外工作的，应按以下标准支付工资：（一）用人单位依法安排劳动者在日法定标准工作时间以外延长工作时间的，按照不低于劳动合同规定的劳动者本人小时工资标准的150％支付劳动者工资；（二）用人单位依法安排劳动者在休息日工作，而又不能安排补休的，按照不低于劳动合同规定的劳动者本人日或小时工资标准的200％支付劳动者工资；（三）用人单位依法安排劳动者在法定休假节日工作的，按照不低于劳动合同规定的劳动者本人日或小时工资标准的300％支付劳动者工资。实行计件工资的劳动者，在完成计件定额任务后，由用人单位安排延长工作时间的，应根据上述规定的原则，分别按照不低于其本人法定工作时间计件单价的150％、200％、300％支付其工资。经劳动行政部门批准实行综合计算工时工作制的，其综合计算工作时间超过法定标准工作时间的部分，应视为延长工作时间，并应按本规定支付劳动者延长工作时间的工资。

②但是如果用人单位就每日生产定额、每月定额汇总、计件标准等进行了科学计算，并经职工代表大会或全体职工通过后，统一推行，则在日常生产中即使出现某个员工每日、每周未能按时完成定额，而导致延长工作时间或休息日等生产情形，一般也不会认定为加班。

风险点五：劳动者未填加班申请表就没有加班费了吗

案例5 季某在一家制造型企业工作。春节前，车间主任对她说，企业接了一批活，需要人手加班，希望她放弃休息。季某遵照车间主任的吩咐，春节期间连续在企业加班加点。可是，节后申报加班费时，却没有她的姓名。

季某不解，便向人事部门询问。人事专员说，企业有规定，加班必须填写加班申请表，季某的加班纯属个人行为，没有征得人事部门的同意，所以没有加班费。季某反问，如果不给她加班费，她完成了指标可否不上班或早下班？人事专员认为，企业有规章制度，即便提早完成了指标，也要继续工作，不上班或早下班，就视作旷工处理。季某十分愤怒，却又不知道怎么处理。

分析 如果用人单位有规章制度，明确加班必须经过人事部门确认，或填写加班申请，经有关人员批准方可加班，劳动者就应该予以遵守。

但在现实生活里，有的用人单位也会有章不循。拿季某所在的用人单位来说，她的加班是车间主任要求的，且加班行为也确实存在，用人单位应该根据实际情况，给予加班费。

因此，如果用人单位严格执行规章制度，每次产生加班必须填写申请表报批，无申请表则不认定为加班，则司法审判机关一般也会尊重用人单位规章制度的严肃性。

风险点六：安排值班还支付加班费吗

案例6 冯某在一家管道修理公司担任修理员。2018年除夕，企业安排他值班一天，其工作是在值班室待命。如果没有抢修的活，就可以看春节晚会；如果有抢修的话，就要外出抢修，因为性质是值班，所以没有加班费。他认为，如果待命，算值班是可以的，但是如果外出抢修，还算值班，就说不过去了。

分析 用人单位因安全、消防、节假日值守等需要，安排劳动者从事与本职工作无直接关系的值班任务，劳动者要求用人单位支付加班费的，不予支持，但劳动者可以要求用人单位依照劳动合同、规章制度、集体合同的规定给予相应待遇。

风险点七：劳动者休假中所存在的法律问题

1. 劳动者年休假的享受条件

（1）年休假时间。

①累计工作已满1年不满10年的，年休假5天。

②累计工作已满10年不满20年的，年休假10天。

③累计工作已满20年的，年休假15天。

④国家法定休假日、休息日不计入年休假的假期。

⑤累计工作时间，一般以养老保险手册记载、劳动合同等材料为依据。

（2）年休假条件。

劳动者工作满12个月以上的，可开始享受年休假待遇。

2. 劳动者不应当享受带薪年假的情形

（1）劳动者依法享受寒暑假，其休假天数多于年休假天数的。

（2）劳动者请事假累计20天以上且单位按照规定不扣工资的。

（3）累计工作满1年不满10年的劳动者，请病假累计2个月以上的。

（4）累计工作满10年不满20年的劳动者，请病假累计3个月以上的。

（5）累计工作满20年以上的劳动者，请病假累计4个月以上的。

3. 年休假计算中的累计工作年限与连续工作年限的理解运用

（1）累计工作年限是在同一单位还是不同单位的工作年限进行累计？

对此当然是以实际工作年限累计计算，而不以是否为同一单位为标准。

（2）中间跳槽后，新入职单位工作不足一年时，劳动者提出补休年假，新入职单位是否必须安排劳动者补休年假？

对此法律仅规定了劳动者累计工作12个月开始享受带薪年休假，而对于是否在新入职单位工作满一年，法律不涉及，但是法律赋予了用人单位根据生产工作需要统筹安排劳动者休假的权利，因此实践中若劳动者此时请休年假，用人单位当然可以不批准。

4. 年休假的计算公式

案例7 小王自2008年7月份毕业时开始在A公司上班，后于2009年9月1日跳槽到B公司。问：小王应当从什么时候开始在B公司享受带薪年假？

分析 《企业职工带薪年休假实施办法》第五条规定，职工新进用人单位且符合本办法第三条规定的，当年度年休假天数按照在本单位剩余日历天数折算确定，折算后不足1整天的部分不享受年休假。前款规定的折算方法为：（当年度在本单位剩余日历天数÷365天）×职工本人全年应当享受的年休假天数。

根据人力资源和社会保障部的上述规定，小王进入B公司时，已连续工作一年以上，就应当具备了开始享受带薪年假的资格。同时，根据上述第二款的规定，可以计算出2009年小王在B公司所能享受的带薪年假的天数。当年剩余的"日历天数"为122天，他今年的年休假天数应为（122÷365）×5天≈1.67天。由于0.67天不足1整天，因此他在今年的年休假天数是1天。

5. 年休假与法定节假日、公休日、事假、病假、产假、探亲假等假期竞合时的处理

《职工带薪年休假条例》第三条的规定，国家法定休假日、休息日不计入年休假的假期。

《企业职工带薪年休假实施办法》第六条规定："职工依法享受的探亲假、婚丧假、产假等国家规定的假期以及因工伤停工留薪期间不计入年休假假期。"但婚假期间遇到法定休假日是否必须顺延，我国没有明确的法律法规规定。实践中，一般这样操作：婚假第一天或最后一天是法定休假日的，两个假应当连在一起休；但婚假期间碰到法定休假的，婚假应当包括法定休假，不应予以顺延；而且也是包含公休日的。这是因为，婚假是基于劳动者的申请来休的，劳动者完全可以提前申请或延后申请，这样就可以实现婚假与法定休假日一起休的目的。如提出将婚假顺延一天的要求，单位可以拒绝。

6. 未安排劳动者年休假的工资报酬折算方法

用人单位经劳动者同意不安排年休假或者安排的年休假少于应休天数，应当对劳动者应休未休年休假天数，按照其日平均工资标准的300%支付未休年休假工资。

用人单位在与劳动者解除（终止）劳动合同时，当年度未安排劳动者休年休假或者安排的年休假少于应休天数，应按劳动者当年已工作时间折算应休未休年休假天数并支付年休假工资，折算后不足1整天的部分，不支付年休假工资。

用人单位与劳动者签订的劳动合同、用人单位的集体合同或者用人单位相关规章制度规定的未休年休假工资报酬高于上述标准的，应当按照约定或者规定的标准执行。如用人单位与劳动者双方约定的或者用人单位相关规章制度规定的未休年休假工资报酬低于上述标准，由于约定或者规定本身违规而使其不具有法律效力，仍应当按照《职工带薪年休假条例》的规定给予劳动者未休年休假工资。

应休未休年休假工资报酬主要分为两大部分：一部分为日常工作期间的日工资（日平均工资的100%），该部分收入随日常工资支付。另一部分为日平均工资的200%未休年休假实际工资，该部分报酬用人单位应在解除（终止）劳动合同时或者在职劳动者最迟在当年度12月31日前支付。

7. 劳动者享受带薪年休假的申请与批准

（1）法律规定：用人单位根据生产、工作的具体情况，并考虑劳动者本人意愿，统筹安排劳动者年休假。年休假在1个年度内可以集中安排，也可以分段安排，一般不跨年度安排。用人单位因生产、工作特点确有必要跨年度安排劳动者年休假的，可以跨1个年度安排。用人单位确因工作需要不能安排劳动者休年休假的，经劳动者本人同意，可以不安排劳动者休年休假，对劳动者应休未休的年休假天数，用人单位应当按照该劳动者日工资收入的300%支付年休假工资报酬。

（2）一般情况下，用人单位安排劳动者年休假应该统筹兼顾工作需要和劳动者个人意愿。如果劳动者提出休年休假申请，但用人单位由于生产、工作的具体情况不予批准，也是可以的，这是用人单位的权利。如果劳动者一意孤行，未经用人单位同意擅自休年休假，这样的行为并无法律依据，严重的，的确会导致劳动合同解除，那么用人单位的行为并无不当。

8. 劳动者离职时多休的年休假天数能否扣回

案例8 2010年1月，王某进入某公司工作，与公司签订了为期3年的劳动合同。王某入职时已年过40周岁，其在其他的用人单位已连续工作满14年，根据国家相关法规的规定，王某每年可以享受10天的带薪年休假。2011年2月，王某因在春节过后与朋友出境旅游，向该公司请了10天的年休假，公司批准了王某的年休假请求。2011年6月，王某向该公司提出辞职，公司在与王某做离职交接时发现，王某2011年度未工作满一整年，但已经休了10天的带薪年休假，故在最后对王某进行工资结算时，将其多休的5天年假工资扣回。王某对公司的做法表示不满，认为这是公司无故克扣工资的行为，要求公司补足。公司没有同意王某的要求，王某不服，即在劳动关系解除之后，向劳动争议仲裁委员会提起劳动争议仲裁申请，要求公司补足其被克扣的工资。

分析 根据《企业职工带薪年休假实施办法》第十二条规定："用人单位与职工解除或者终止劳动合同时，当年度未安排职工休满应休年休假的，应当按照职工当年已工作时间折算应休未休年休假天数并支付未休年休假工资报酬，但折算后不足1整天的部分不支付未休年休假工资报酬。前款规定的折算方法为：（当年度在本单位已过日历天数÷365天）×职工本人全年应当享受的年休假天数—当年度已安排年休假天数。用人单位当年已安排职工年休假的，多于折算应休年休假的天数不再扣回。"因此，本案中王某与公司解除劳动关系时，虽然根据折算其当年应休的年休假天数只有 5 天，但公司已经在王某在职期间同意其休完当年度所有的年假，所以根据相关规定，王某多于折算应休年休假的天数公司无权扣回。

9. 劳动者未享受年休假申请劳动仲裁的时效问题

（1）一种观点认为，应休未休的年休假折算工资属于劳动报酬，因此应当适用特殊时效，也就是说劳动者在离职后的一年里可以追讨他所有在职期间未休的年假工资；另一种观点认为，虽然名为"工资"，但其本质并非劳动报酬，而是一种福利待遇，是对于未休年假劳动者的一种补偿，因此应当适用一年时效。

（2）司法实践中，对于未休年假报酬均适用一年仲裁时效的规定，且该时效起算方法是，只要累计工作时间中有 1 天在时效范围内，该期间的未休年假报酬均可以得到支持。

10. 用人单位超过法定年休假天数的福利如何约定才能防范风险

首先，用人单位应当明确各类福利休假的享受条件和休假天数，这些内容均不应与法定带薪年休假混为一谈，而应当另行规定。

其次，应当对福利休假在未休完的情况下如何处理做出明确的规定，如是否另行支付工资，如果支付的，则标准是什么、在何时支付等，都应当做出明确的规定或约定。

最后，为便于用人单位统一管理和安排，在规章制度或文件中应当处理好法定年休假与福利年休假的优先关系，可以明确各类假期的优先权。例如规定："劳动者休假，应当先休法定带薪年休假，休完了再休福利年休假。"如果用人单位是通过规章制度或员工手册等文件进行统一规定的，除了内容合法以外，还需注意其他的生效要件，比如休息休假这类直接涉及劳动者切身利益的内容应当通过民主程序，并且在制订后还要及时向全体员工公示或者告知，之后才能对员工生效。这样在发生争议时，这些规章制度才能作为明确的处理依据。

11. 用人单位规定年休假逾期作废条款是否有效

案例 9　洪某 2011 年入职某快消品公司任销售经理职务，洪某与该公司最后一次劳动合同期限是 2011 年 1 月 1 日至 2013 年 12 月 31 日。该公司出台的《考勤与休假制度》规定：次年3月底前未休完上年度带薪年休假的，视为员工自愿放弃或自动作废。对于该制度，洪某曾在公司发放的告知单上签字确认，表明自己知晓此事。自入职以来，洪某的工作特别忙，再加上公司时不时地安排一些其他工作，导致她一直未能休年休假。2013年12月，洪某提出离职的同时向公司提出了年休假工资补偿，要求公司向其支付未休带薪年休假工资1万余元。而公司以其签收的规章制度进行抗辩，并认为洪某已经自动放弃了年休假，故无权再主张年休假或者工资补偿。

分析 《职工带薪年休假条例》第五条明确规定，单位确因工作需要不能安排职工休年休假的，经职工本人同意，可以不安排职工休年休假。

《企业职工带薪年休假实施办法》第十条规定，用人单位安排职工休年休假，但是职工因本人原因且书面提出不休年休假的，用人单位可以只支付其正常工作期间的工资收入。

因此，只有在劳动者以积极的明示的方式表示其不休年休假的情况下才能判定劳动者做出了放弃休年休假权利的意思表示。而"年休假逾期申请视作自动作废"的规定实质是将劳动者消极的默示的行为（不申请年休假）作为其放弃休年休假权利的意思表示，显然与相关的规定不相符。因此，即使员工手册有上述规定且劳动者亦知晓，亦不能依据员工手册的此项规定来推定劳动者不申请年休假即视为其放弃年休假权利。在用人单位未提供其他证据证明员工做出了放弃休年休假的意思表示的情况下，用人单位应安排劳动者休年休假或支付劳动者应休未休年休假工资。

风险点八：女职工"三期"问题，HR如何应对

1. 女职工"三期"中是否可以调岗

订立和变更劳动合同，应当遵循平等自愿、协商一致的原则。工作岗位作为劳动合同的一项重要内容，其变更或调整自然也要按照平等自愿、协商一致的原则进行。而在特定情况下，即使"三期"女职工一方不同意变更，用人单位也可以行使单方变更权。

（1）用人单位根据国务院《女职工劳动保护特别规定》第四条规定，用人

单位应当遵守女职工禁忌从事的劳动范围的规定。用人单位应当将本单位属于女职工禁忌从事的劳动范围的岗位书面告知女职工。女职工禁忌从事的劳动范围由本规定附录列示。国务院安全生产监督管理部门会同国务院人力资源社会保障行政部门、国务院卫生行政部门根据经济社会发展情况，对女职工禁忌从事的劳动范围进行调整。

该规定附录中罗列出的对于女职工禁忌从事的劳动范围。

一、女职工禁忌从事的劳动范围

（一）矿山井下作业；

（二）体力劳动强度分级标准中规定的第四级体力劳动强度的作业；

（三）每小时负重6次以上、每次负重超过20公斤的作业，或者间断负重、每次负重超过25公斤的作业。

二、女职工在经期禁忌从事的劳动范围

（一）冷水作业分级标准中规定的第二级、第三级、第四级冷水作业；

（二）低温作业分级标准中规定的第二级、第三级、第四级低温作业；

（三）体力劳动强度分级标准中规定的第三级、第四级体力劳动强度的作业；

（四）高处作业分级标准中规定的第三级、第四级高处作业。

三、女职工在孕期禁忌从事的劳动范围

（一）作业场所空气中铅及其化合物、汞及其化合物、苯、镉、铍、砷、氰化物、氮氧化物、一氧化碳、二硫化碳、氯、己内酰胺、氯丁二烯、氯乙烯、环氧乙烷、苯胺、甲醛等有毒物质浓度超过国家职业卫生标准的作业；

（二）从事抗癌药物、己烯雌酚生产，接触麻醉剂气体等的作业；

（三）非密封源放射性物质的操作，核事故与放射事故的应急处置；

（四）高处作业分级标准中规定的高处作业；

（五）冷水作业分级标准中规定的冷水作业；

（六）低温作业分级标准中规定的低温作业；

（七）高温作业分级标准中规定的第三级、第四级的作业；

（八）噪声作业分级标准中规定的第三级、第四级的作业；

（九）体力劳动强度分级标准中规定的第三级、第四级体力劳动强度的作业；

（十）在密闭空间、高压室作业或者潜水作业，伴有强烈振动的作业，或者需要频繁弯腰、攀高、下蹲的作业。

四、女职工在哺乳期禁忌从事的劳动范围

(一) 孕期禁忌从事的劳动范围的第一项、第三项、第九项;

(二) 作业场所空气中锰、氟、溴、甲醇、有机磷化合物、有机氯化合物等有毒物质浓度超过国家职业卫生标准的作业。

因此,将"三期"女职工从上调整到非禁忌工作岗位上,这是被法律允许的。

(2) 女职工在"三期"内,用人单位调岗能够同时调薪吗?是否适用"薪随岗变"原则?

根据《中华人民共和国妇女权益保障法》第二十七条规定,任何单位不得因结婚、怀孕、产假、哺乳等情形,降低女职工的工资。国务院《女职工劳动保护特别规定》第五条规定,用人单位不得因女职工怀孕、生育、哺乳降低其工资、予以辞退、与其解除劳动或者聘用合同。因此,不论是因女职工个人的原因造成的调整工作岗位(因"三期"不胜任工作或主动提出调整工作岗位),还是因用人单位的原因造成的调整工作岗位(部门被撤销),"三期"女职工都不可以被调整劳动报酬。当然,不可以被调整劳动报酬并不意味着用人单位必须全额发放与女职工工作业绩、工作表现挂钩的全部劳动报酬,如果用人单位有严格完善的薪酬绩效管理制度,那么与工作业绩相挂钩的绩效奖金、销售提成,与出勤天数相挂钩的全勤奖金,用人单位可以根据女职工当月工作业绩、出勤天数予以发放。

(3) 女职工"三期"常见的调岗情形。

①因女职工禁忌调岗,员工是否应该服从?

②"三期"女职工不胜任工作是否可以调岗?

③因公司经营需要调岗,"三期"女职工应否服从?

④"三期"女职工岗位被撤销,如何调岗?

⑤女职工休完产假后回到用人单位原岗位已由他人顶替,如何调岗?

⑥因工作地点变更或搬迁,如何调岗?

上述调岗情形,除第①②项,用人单位可以根据国务院《女职工劳动保护特别规定》第六条规定,"女职工在孕期不能适应原劳动的,用人单位应当根据医疗机构的证明,予以减轻劳动量或者安排其他能够适应的劳动",主动或应女职工要求调整工作岗位或酌情减轻工作量。其他调岗情形,建议用人单位尽量通过双方协商一致调整工作岗位，如一定要单方调岗，则需要充分举证证明调岗合理性。

2. 女职工"三期"中，是否可以解除劳动合同

（1）怀孕的女职工超过医疗期的，用人单位能否做辞退处理？

女职工怀孕后，确实因身体原因，经医师开具证明需要保胎休息的，可以请假，此时的假期应属于病假范畴，而用人单位往往尝试通过起算医疗期来实现解除劳动合同，但根据《中华人民共和国劳动合同法》第四十二条的规定，用人单位不得适用医疗期来解除劳动合同。

（2）用人单位是否可以因女职工提供虚假生育状况解除劳动合同？

根据《中华人民共和国劳动合同法》第八条规定："用人单位有权了解劳动者与劳动合同直接相关的基本情况，劳动者应当如实说明。"同时，劳动合同法第二十六条规定，以欺诈手段订立的劳动合同无效或者部分无效。因此，本着平等、公平、自愿、诚实信用的原则，双方应当在订立劳动合同时提供准确、真实的相关信息。但是为保护劳动者的隐私权不受侵犯，应当对用人单位的知情权做出必要和合理的限制。

用人单位了解劳动者的基本情况要限制在"与劳动合同直接相关"的范围内。而对于劳动者的家庭状况、婚姻生育状况、财产状况、嗜好、信仰、生活经历等通常被认为与招聘职位无直接关系，并且不会影响其工作能力等方面的信息资料，应属于隐私权所保护的范围。女职工是否生育与工作岗位无关，婚姻、生育状况通常与劳动合同的履行没有必然的关系，属于个人隐私。女职工因担心就业压力虚报个人生育状况不构成欺诈，用人单位以女职工在签订劳动合同、填写求职申请表及员工基本情况登记表时对生育状况做不实陈述而据此解除劳动合同的，存在被认定违法解除的法律风险。

（3）女职工"三期"与试用期重叠时，能否以不符合录用条件解除劳动合同？

依据《中华人民共和国劳动合同法》第三十九条规定，在试用期间被证明不符合录用条件的，用人单位可以单方解除劳动合同且无须支付经济补偿金。

在"三期"女职工存在过错的情况下，即使是在试用期，只要被证明确属不符合录用条件的，用人单位也可以依据《中华人民共和国劳动合同法》第三十九条的规定单方解除劳动合同且无须支付经济补偿金，但是用人单位需要承担非常严格的举证责任，被认定违法解除的风险非常高，因此协商一致解除劳动合同对用人单位来说应是一个优先考虑的解除劳动合同的方式。

（4）女职工"三期"中是否可以不受严重违反规章制度解除的约束？

"三期"的女职工虽然享有着特别的待遇，受到法律法规的特别保护。但是法律法规对"三期"女职工的特殊保护并不是毫无原则的，而是有范围、有条件的。也就是说，如果"三期"女工不是因为《中华人民共和国劳动合同法》第四十条、第四十一条中规定的情形，而是因为《中华人民共和国劳动合同法》第三十九条中规定的情形（如严重违反用人单位规章制度）被用人单位解除劳动合同的，法律是不对其进行特殊保护的。此种情形辞退"三期"女职工，用人单位不用支付经济补偿金。

（5）劳动合同到期终止，女职工办理完退工手续后才知道在自己合同期内怀孕，如何处理？

按照《中华人民共和国劳动合同法》规定，女职工在孕期、产期、哺乳期内，劳动合同到期的，应当延续到"三期"结束，才可终止劳动合同。但如果劳动者在终止劳动合同时并不知道自己已经怀孕，办理了退工手续后才发现怀孕了，能否要求恢复劳动关系？对此法律没有明文规定，在实践中也有不同意见，但确有支持女职工请求的司法判例。

（6）用人单位能否以"三期"女职工不胜任工作、客观情况发生重大变化解除劳动合同？

根据《中华人民共和国劳动合同法》第四十二条的规定，女职工在孕期、产期、哺乳期的，用人单位不得依照劳动者不胜任工作、劳动合同订立时所依据的客观情况发生重大变化、裁员等解除劳动合同。

（7）用人单位违法解除"三期"女职工，如何补偿？

用人单位违法解除与"三期"女职工的劳动合同，如"三期"女职工要求继续履行劳动合同的，则应撤销用人单位解除劳动合同的决定，双方继续履行劳动合同。造成劳动者工资收入损失的，用人单位需要支付工资。"三期"女职工不要求继续履行劳动合同或者劳动合同已经不能继续履行的，应认定双方劳动合同解除，并依照《中华人民共和国劳动合同法》第四十八条和第八十七条的规定，由用人单位依照经济补偿金的二倍向"三期"女职工支付赔偿金。特别提醒用人单位注意：第一，用人单位违法解除劳动合同或终止劳动合同后，"三期"女职工有选择权，即女职工既可以选择继续履行劳动合同，又可以要求用人单位支付赔偿金。一般女职工会主张要求继续履行劳动合同，而此时用人单位则处于被动地位，即使用人单位主张劳动合同已经不能继续履行的，不但举证会非常困难，而且通常对于"三期"女职工等特殊保护群体，劳动仲裁委员会和人民法院一般会支持女职工主张继续履行劳动合同的要求，因此不是用人单位愿意支付违法解除赔偿金就可以达到解除劳动合同的目的的。第二，因用人单位解除、终止劳动合同决定违法被撤销，恢复劳动关系继续履行劳动合同的，用人单位还需赔偿违法解除、终止后给"三期"女职工造成的工资收入损失。第三，女职工在"三期"内依照《中华人民共和国劳动合同法》第三十八条、《最高人民法院关于审理劳动争议案件适用法律问题的解释（一）》第四十六条的规定，提出被迫解除劳动合同，除要求经济补偿金外，还有权要求用人单位支付工资至"三期"期满的，对劳动合同解除后的"三期"工资，司法裁判机关基本不予支持。

3. 女职工"三期"中，是否可以终止劳动合同

（1）劳动合同到期前，女职工怀孕是否一定要续约？

根据《中华人民共和国劳动合同法》第四十五条规定，劳动合同期满，女职工在孕期、产期、哺乳期的，劳动合同应当续延至相应的情形消失时终止。因此，"三期"内的女职工，即使劳动合同到期，用人单位也不能单方终止劳动合同，应顺延到哺乳期满时方可终止。

因"三期"原因而续延劳动合同期限，并不是基于用人单位与女职工双方均具有顺延劳动合同的意思表示，而是基于法律的强制性规定，因此该续延为法定续延，是用人单位不得不履行的法定责任，其在法定顺延期间的用工义务也有法律予以明确的规定，此种情形，不需要双方另行签订劳动合同。但因"三期"原因而续延劳动合同期限的，用人单位应以书面通知续延以降低风险。

（2）因"三期"劳动合同终止续延导致合同期限达到10年，满足签订无固定期限劳动合同的处理方式。

因"三期"情形而延续劳动关系的，该延续期间应视为女职工在用人单位的连续工作年限。此时，如果女职工在本用人单位连续工龄满10年以上，按照《中华人民共和国劳动合同法》第十四条之规定，女职工有权提出签订无固定期限劳动合同，此时，用人单位不得以劳动合同期满为由终止劳动关系，用人单位必须与女职工签订无固定期限劳动合同。

（3）公司解散，"三期"女职工的劳动合同如何处理？

无论是从劳动法律法规，还是从其他相关规范的表述来看，用人单位在解散时所涉及的劳动者权益的规定，都是对经济补偿金所做出的规定，并不涉及对"三期"女职工的利益应负有特别的照顾义务这一情形。这是因为，用人单位解散是劳动合同法定终止的情形，当用人单位解散时，用人单位这一主体在法律上死亡，劳动合同也不得不终止。需要明确的是，根据《中华人民共和国劳动合同法》第四十四条第（四）（五）项规定终止劳动合同的，用人单位应当向劳动者支付经济补偿。

第七环节　劳动者发生工伤事故时的五个风险点

工伤保险待遇是指职工因工发生暂时或永久人身健康或生命损害的一种补救和补偿，其作用是使伤残者的医疗、生活有保障，使工亡者的亲属的基本生活得到保障。工伤保险待遇的高低、项目的多少，取决于国家或该地区的经济发展水平和人们的社会生活水平。

风险点一：用人单位的工伤保险待遇责任

（1）用人单位依法为职工缴纳工伤保险。

①职工一级至四级伤残的，保留劳动关系，退出工作岗位，享受以下待遇。

从工伤保险基金按伤残等级支付一次性伤残补助金，标准为：一级伤残为24个月的本人工资；二级伤残为22个月的本人工资；三级伤残为20个月的本人工资；四级伤残为18个月的本人工资。

从工伤保险基金按月支付伤残津贴，标准为：一级伤残为本人工资的90％；二级伤残为本人工资的85％；三级伤残为本人工资的80％；四级伤残为本人工资的75％。伤残津贴实际金额低于当地最低工资标准的，由工伤保险基金补足差额。

工伤职工达到退休年龄并办理退休手续后，停发伤残津贴，享受基本养老保险待遇。基本养老保险待遇低于伤残津贴的，由工伤保险基金补足差额。

职工因工致残被鉴定为一级至四级伤残的，由用人单位和职工个人以伤残津贴为基数，缴纳基本医疗保险费。

②职工五级、六级伤残的，享受以下待遇。

从工伤保险基金按伤残等级支付一次性伤残补助金，标准为：五级伤残为18个月的本人工资；六级伤残为16个月的本人工资。

保留与用人单位的劳动关系，由用人单位安排适当工作。难以安排工作的，由用人单位按月发给伤残津贴，标准为：五级伤残为本人工资的70%；六级伤残为本人工资的60%，并由用人单位按照规定为其缴纳应缴纳的各项社会保险费。伤残津贴实际金额低于当地最低工资标准的，由用人单位补足差额。

经工伤职工本人提出，该职工可以与用人单位解除或者终止劳动关系，由工伤保险基金支付一次性工伤医疗补助金，由用人单位支付一次性伤残就业补助金。一次性工伤医疗补助金和一次性伤残就业补助金的具体标准由省、自治区、直辖市人民政府规定。

③职工七级至十级伤残的，享受以下待遇。

从工伤保险基金按伤残等级支付一次性伤残补助金，标准为：七级伤残为13个月的本人工资；八级伤残为11个月的本人工资；九级伤残为9个月的本人工资；十级伤残为7个月的本人工资。

劳动、聘用合同期满终止，或者职工本人提出解除劳动、聘用合同的，由工伤保险基金支付一次性工伤医疗补助金，由用人单位支付一次性伤残就业补助金。一次性工伤医疗补助金和一次性伤残就业补助金的具体标准由省、自治区、直辖市人民政府规定。

（2）用人单位未依法缴纳工伤保险，导致劳动者无法享受工伤保险待遇的，由用人单位按照工伤保险待遇项目和标准支付费用。

（3）劳动者停工留薪期内，原工资福利待遇不变，由所在单位按月支付，司法实践中对于其标准一般是参照发生工伤前全月工资认定。

（4）护理费：评定伤残等级前，一般是医疗机构出具证明确需护理的，由所在单位负责，可以出人也可以出钱请护工，如果这些都没有，职工家属护理的，确有工资证明的，按工资证明标准认定，无工资证明的，参照当地护工标准支付；评定伤残等级后，经劳动能力鉴定委员会确认需要生活护理的，从工伤保险基金按月支付生活护理费。

（5）住院伙食补助，如果由用人单位支付时，规章制度有规定的，按规章制度执行，但标准不能低于国家机关工作人员出差伙食补助每日50元的70%。

风险点二：用人单位的工伤保险待遇责任中的特殊点

（1）用人单位分立、合并、转让的，承继单位应当承担原用人单位的工伤保险责任；原用人单位已经参加工伤保险的，承继单位应当到当地社会保险经办机构办理工伤保险变更登记。

（2）用人单位实行承包经营的，工伤保险责任由劳动者劳动关系所在单位承担。因此，如果私人包工负责人是发包单位的职工并属于合法承包者，其工伤保险待遇由发包单位按国家有关规定执行。如果私人包工负责人与发包单位没有劳动关系而只订立了经济承包合同，若经济承包合同中对其工伤保险问题有明确约定，则按照合同执行；若经济承包合同中对其工伤保险问题没有约定，则由其本人负责。

（3）职工被借调期间受到工伤事故伤害的，由原用人单位承担工伤保险责任，但原用人单位与借调单位可以约定补偿办法。原用人单位与借调单位之间约定的补偿办法实质上是将原用人单位承担的工伤保险责任在它们内部进行分担，但原用人单位不得以此拒绝对职工承担工伤保险责任。

（4）职工所属的用人单位破产的，在破产清算时，应当优先拨付依法应由单位支付的工伤保险待遇费用。依照《破产法》和《民事诉讼法》的规定，在企业破产清算时，破产财产优先拨付破产费用后，按照下列顺序清偿：①破产企业所欠职工工资和劳动保险费用；②破产企业所欠税款；③破产债权。破产财产不足清偿同一顺序的清偿要求的，按照比例分配。

风险点三：双重劳动、指派劳动、劳务派遣、违法转包、挂靠经营中的工伤保险责任承担

（1）劳动者与两个或两个以上用人单位建立劳动关系，工伤事故发生时，劳动者为之实际工作的单位作为承担工伤保险责任的单位。

（2）劳务派遣单位派遣的劳动者在用工单位工作期间因工伤亡的，派遣单位为承担工伤保险责任的单位。

（3）用人单位指派劳动者到其他单位工作，劳动者在其他单位因工伤亡的，指派单位为承担工伤保险责任的单位。

（4）用人单位违反法律、法规规定将承包业务转包给不具备用工主体资格的组织或者自然人，该组织或者自然人聘用的劳动者从事承包业务时因工伤亡的，用人单位为承担工伤保险责任的单位。

（5）个人挂靠其他单位对外经营，其聘用的人员因工伤亡的，被挂靠单位为承担工伤保险责任的单位。

风险点四：工伤赔偿和民事赔偿是否可以兼得

（1）职工工伤涉及其他民事伤害赔偿的，伤害赔偿总额低于工伤保险待遇的，由工伤保险基金补足差额部分。但随着社会保险工作的进步，现实中对于医疗费部分采取差额补足方式，其他工伤保险待遇则由工伤保险基金支付，因此一定程度上除了医疗费之外，劳动者可以兼得。

（2）由于第三人的原因造成工伤，第三人不支付工伤医疗费用或者无法确定第三人的，由工伤保险基金先行支付。工伤保险基金先行支付后，有权向第三人追偿。

（3）如果用人单位未依法缴纳工伤保险，在按照工伤保险待遇支付费用后，在工伤职工放弃或不向实际侵权第三人主张权利时，用人单位可以直接向实际侵权第三人进行索赔。

（4）劳动者获得实际侵权第三人支付的误工费后，用人单位是否可以不用向员工支付停工留薪期工资待遇？

案例1 小孙是某超市保安。一天上班时，他看到顾客白某背着背包进入超市，就要求白某将背包存放到指定的柜台上。白某以包内有贵重物品为由拒绝存放，被小孙拦住不允许进入商场。恼羞成怒的白某殴打了小孙，导致小孙一只眼睛失明。

不久，小孙被认定为工伤。与此同时，小孙还对白某提起刑事附带民事诉讼。经人民法院判决后，白某一次性支付小孙包含误工费在内的赔偿款28万元。事后，小孙又向用人单位（该商场）主张停工留薪期工资6万元。但是用人单位认为，停工留薪期工资与误工费赔偿虽基于不同的法律规定，但从作用来看，两者均系对因遭受伤害无法从事正常工作而实际减少的收入的补偿，实质上属于同一性质的赔偿项目，两者不得重复享受。小孙已经通过刑事附带民事诉讼获得包含误工费在内的民事赔偿，再行主张停工留薪期工资，对单位有失公平。

分析　国务院《工伤保险条例》第三十三条规定："职工因工作遭受事故伤害或者患职业病需要暂停工作接受工伤医疗的，在停工留薪期内，原工资福利待遇不变，由所在单位按月支付。"据此，职工治疗工伤休息期间，用人单位应当按照原工资标准向职工支付待遇。

但是，关于职工因第三人侵权受到伤害，如何处理第三人侵权赔偿责任和工伤保险待遇支付的关系，争议较大。因第三人侵权导致职工工伤的，根据《民法典侵权责任编》和《中华人民共和国社会保险法》的规定，职工既可以向侵权的第三人要求民事侵权损害赔偿，也可以向用人单位申请享受工伤保险待遇。这样就出现了民事侵权损害责任和工伤保险责任如何处理的问题。对于这两种法律关系如何处理，实践中存在不同意见。第一种意见主张"单赔"，即职工只能在民事侵权损害赔偿和工伤保险待遇中选择一项。如果劳动者享受了工伤保险待遇，工伤保险基金和用人单位就取得了对第三人的代位追偿权；如果工伤职工追究第三人民事赔偿责任的，不能再享受工伤保险待遇。第二种意见主张"补差"，即由工伤保险基金和用人单位先行支付工伤待遇，民事侵权损害赔偿超出工伤保险待遇的部分，归工伤职工所有。第三种意见主张"双赔"，即工伤职工可以同时享受工伤保险待遇和获得民事侵权损害赔偿。

《最高人民法院关于审理工伤保险行政案件若干问题的规定》第八条规定："职工因第三人的原因受到伤害，社会保险行政部门以职工或者其近亲属已经对第三人提起民事诉讼或者获得民事赔偿为由，作出不予受理工伤认定申请或者不予认定工伤决定的，人民法院不予支持。职工因第三人的原因受到伤害，社会保险行政部门已经作出工伤认定，职工或者其近亲属未对第三人提起民事诉讼或者尚未获得民事赔偿，起诉要求社会保险经办机构支付工伤保险待遇的，人民法院应予支持。职工因第三人的原因导致工伤，社会保险经办机构以职工或者其近亲属已经对第三人提起民事诉讼为由，拒绝支付工伤保险待遇的，人民法院不予支持，但第三人已经支付的医疗费用除外。"

根据上述规定，当工伤保险待遇与民事侵权损害赔偿责任产生竞合时，除工伤医疗费用外，法律不禁止工伤职工享受工伤保险待遇后再获得民事赔偿。

当然，上述规定只是针对工伤保险基金支付的工伤待遇而言。那么第三人向工伤职工支付了误工费后，工伤职工还能够享受停工留薪期工资吗？《中华人民共和国社会保险法》《工伤保险条例》没有规定第三人侵权造成工伤的，应当扣减第三人赔偿的误工费，因此职工在已经获得误工费的情况下，仍有权享受停工留薪期工资。

值得注意的是，关于工伤保险待遇与民事侵权损害赔偿能否双重享受的问题，我国个别地区已经做了相应的法律规定。因此，如果有地区规定的，以地区规定为准。以天津为例，《天津市工伤保险条例》第二十九条规定，职工工伤涉及其他民事伤害赔偿的，伤害赔偿总额低于工伤保险待遇的，由工伤保险基金补足差额部分，其待遇不得重复享受，但是此点仅对于工伤保险待遇采取的差额补足方式，即不得重复享受，但是对于停工留薪期工资福利待遇则不在此列，用人单位不应以劳动者已获得误工费赔偿为由而免除其支付责任。

案例 2　某高校在校生小王在到某修理厂应聘的过程中，在工地接受焊接操作考核时因飞溅物伤及左眼导致左眼失明。小王认为自己是工伤，要求该修理厂承担自己的工伤待遇，而修理厂认为双方尚未签订劳动合同。请问：小王是否属于工伤？

分析　首先因小王是在校生，其与修理厂之间的法律关系不受劳动法调整，即小王与修理厂之间并非劳动关系，故可排除小王的工伤认定。司法实践中修理厂与小王之间建立的是雇佣关系，因此应受依法调整，如修理厂在安排应聘者操作机器时存在过错，则应依据民事领域中的人身伤害的过错原则，承担相应的民事赔偿。

案例 3　某公司一货车司机，受该公司指派，驾驶货车外出拉货。在返程途中，因超速行驶，与同方向大货车追尾，身受重伤。当地交警部门作出的责任认定：追尾的货车司机是造成此次事故的主要原因，负全部责任。事后，货车司机要求公司认定工伤，并享受工伤待遇，但公司认为货车司机违章驾车，在事故中负全部责任，不应认定为工伤。请问：货车司机是否属于工伤？

分析　在 1996 年《劳动部办公厅关于处理工伤争议有关问题的复函》中曾有提到：司机属于特殊工种，职业危险性较大，所以司机在执行正常工作时发生交通事故造成伤亡，属无责任或少部分责任的，一般应认定为工伤。但是，依据现行的《工伤保险条例》，职工在工作时间和工作场所内因工作原因受到事故伤害的，应当认定为工伤。司机在执行本单位工作任务时发生交通事故造成伤亡，如同职工在车间操作机器一样，对一般过失性违章应按照工伤保险条例无责任补偿的原则处理，无论事故责任大小，只要不属于犯罪，违反治安管理、醉酒、自残或自杀等不属于工伤的情形，就应该认定为工伤。这个货车司机并没有构成交通肇事罪，也没有受到公安局的治安管理处罚，更没有其他不属于工伤认定的情形，应当依法认定为工伤。

案例4　贾某是某食品厂的一名员工。2007年7月的一个晚上，贾某喝了一瓶啤酒后，回食品厂上班。贾某在和食品厂的几名工友运送食品时，忽然看见在食品厂门口马路对面，有位本食品厂女职工在穿越马路时，突然被飞驰而至的摩托车撞倒。在该女职工呼救的同时，因撞击而摔倒的摩托车驾驶员迅速起身，发动摩托车想驾车逃逸。贾某随即和工友们向事发地冲去，想抓住交通肇事驾驶员。然而，贾某在通过马路隔离带时，因接听手机未注意来往车辆，导致自己被正常行驶的出租车撞伤，虽然经抢救，但仍于两日后死亡。当地交警支队就这起交通事故作出了《交通事故认定书》，认定贾某在交通事故中承担主要责任。贾某的家属向当地劳动和社会保障局申请工伤认定，当地劳动和社会保障局经过调查询问，认为贾某的行为是见义勇为，根据《工伤保险条例》第十五条第（二）项之规定，认为贾某的死亡应视同工伤。然而，食品厂不认为贾某的死亡是工伤，于是向当地法院提起行政诉讼。请问：贾某的死亡应该视同工伤吗？

分析　第一种观点认为贾某的死亡不得认定为工伤。理由如下：第一，《工伤保险条例》第十五条第（二）项规定的情形中并未规定"见义勇为"可视为工伤的范围，更何况其根本不是见义勇为导致的伤亡。贾某的死亡名义上是为了抓住交通肇事人，但其被撞的原因并非出于见义勇为，而是在行进途中听电话，注意力不集中被撞，且在被撞的过程中根本不存在追抓行为。第二，贾某在吃晚饭时喝了酒，是在喝完酒后进行追抓交通肇事人过程中发生交通事故死亡的，属于《工伤保险条例》第十六条规定的排除工伤认定的情形之一"醉酒导致伤亡的"情形。而且，根据交警作出的《交通事故认定书》，在这起交通事故中贾某应承担主要责任。因此，贾某的不幸死亡完全是由其个人造成的，而非见义勇为，不应被认定为工伤。

第二种观点认为贾某的死亡为工伤。理由如下：第一，贾某的行为应当认定为见义勇为。虽然贾某的死亡不是与歹徒搏斗导致的，但是却是主观出于见义勇为的目的，客观表现为在见义勇为行进的路上，应当符合《工伤保险条例》第十五条第（二）项规定的"在抢险救灾等维护国家利益、公共利益活动中受到伤害的"视同工伤的情形。第二，根据《工作保险条例》的规定，食品厂应当承担举证责任，但食品厂并没有证据证明贾某受伤致死时达到了"醉酒"的状态，不能排除工伤认定；第三，虽然根据《交通事故认定书》，贾某在这起事故中承担主要责任，但是贾某的行为应当定性为违反道路交通安全法的行为，与违反治安管理处罚法的行为不同，并不符合《工伤保险条例》第十六条规定的不得认定为工伤的情形之一"因犯罪或者违反治安管理伤亡"的情形。所以，贾某的死亡应当认定为工伤。

笔者赞同后一种观点，理由有三。其一，追抓交通肇事人的行为不应仅狭义地理解为与歹徒搏斗的过程。贾某在追抓交通肇事人过程中导致的伤害应视为由追抓行为导致的伤害。即使不被认定为见义勇为也同样符合《工伤保险条例》第十五条第一款第（二）项规定的"在抢险救灾等维护国家利益、公共利益活动中受到伤害的"视同工伤的情形。其二，虽然由于贾某违反道路交通法规导致发生交通事故致死，贾某在这次事故中承担主要责任，但是工伤认定应当坚持无过错责任补偿原则。因此，贾某的过错不能成为否定工伤的理由。另外，贾某在未看清道路车辆来往情况，就横穿马路，引发交通事故行为，应当定性为违反了道路交通安全法的行为，属于道路安全法的调整范畴，应当按照《道路交通安全法》来处理，而不属于违反治安管理处罚法的行为。因此，不符合《工伤保险条例》第十六条规定的不得认定为工伤的情形之一"因犯罪或者违反治安管理伤亡"的情形。其三，《工伤保险条例》第十六条第二款规定，因醉酒导致伤亡的不得认定为工伤或者视同工伤。"醉酒导致的伤亡"主要是指本人受酒精的作用行为失去控制而导致的死亡，贾某死亡的真正原因是交通事故，是第三人的行为造成的，不符合上述规定，且食品厂不能举证证明贾某醉酒。综上所述，贾某的死亡应当认定为工伤。

案例 5　罗某系重庆市涪陵志大物业管理有限公司（以下简称涪陵志大物业公司）保安。2011 年 12 月 24 日，罗某在涪陵志大物业公司服务的圆梦园小区上班（24 小时值班）。上午 8 时 30 分左右，在兴华中路宏富大厦附近有人对一过往行人实施抢劫，罗某听到呼喊声后立即拦住抢劫者的去路，要求其交出抢劫的物品，在与抢劫者搏斗的过程中，不慎从 22 步台阶上摔倒在巷道拐角的平台上受伤。罗某于 2012 年 6 月 12 日向被告重庆市涪陵区人力资源和社会保障局（以下简称涪陵区人社局）提出工伤认定申请。涪陵区人社局当日受理后，于 2012 年 6 月 13 日向罗某发出《认定工伤中止通知书》，要求罗某补充提交见义勇为的认定材料。2012 年 7 月 20 日，罗某补充了见义勇为相关材料。涪陵区人社局核实后，根据《工伤保险条例》第十四条第七项之规定，于 2012 年 8 月 9 日作出《认定工伤决定书》，认定罗某所受之伤属于因工受伤。涪陵志大物业公司不服，向法院提起行政诉讼。在诉讼过程中，涪陵区人社局作出《撤销工伤认定决定书》，并于 2013 年 6 月 25 日根据《工伤保险条例》第十五条第二项之规定，作出《认定工伤决定书》，认定罗某受伤属于视同因工受伤。涪陵志大物业公司仍然不服，于 2013 年 7 月 15 日向重庆市人力资源和社会保障局申请行政复议，重庆市人力资源和社会保障局于 2013 年 8 月 21 日作出《行政复议决定书》，予以维持。涪陵志大物业公司认为涪陵区人社局的认定决定适用法律错误，罗某所受伤依法不应认定为工伤。遂诉至法院，请求判决撤销《认定工伤决定书》，并责令被告重新作出认定。

另查明，重庆市涪陵区社会管理综合治理委员会对罗某的行为进行了表彰，并做出了《关于表彰罗某同志见义勇为行为的通报》。

裁判结果：重庆市涪陵区人民法院于 2013 年 9 月 23 日作出行政判决，驳回重庆市涪陵志大物业管理有限公司要求撤销被告作出的《认定工伤决定书》的诉讼请求。一审宣判后，双方当事人均未上诉，裁判现已发生法律效力。

裁判理由：法院生效裁判认为：被告涪陵区人社局是县级劳动行政主管部门，根据国务院《工伤保险条例》第五条第二款规定，具有受理本行政区域内的工伤认定申请，并根据事实和法律作出是否工伤认定的行政管理职权。被告根据第三人罗某提供的重庆市涪陵区社会管理综合治理委员会《关于表彰罗某同志见义勇为行为的通报》，认定罗某在见义勇为中受伤，事实清楚，证据充分。罗某不顾个人安危与违法犯罪行为作斗争，既保护了他人的个人财产和生命安全，也维护了社会治安秩序，弘扬了社会正气。法律对于见义勇为，应当予以大力提倡和鼓励。

《工伤保险条例》第十五条第二项规定："职工在抢险救灾等维护国家利益、公共利益活动中受到伤害的，视同工伤。"据此，虽然职工不是在工作地点、因工作原因受到伤害，但其是在维护国家利益、公共利益活动中受到伤害的，也应当按照工伤处理。公民见义勇为，跟违法犯罪行为作斗争，与抢险救灾一样，同样属于维护社会公共利益的行为，应当予以大力提倡和鼓励。因见义勇为、制止违法犯罪行为而受到伤害的，应当适用《工伤保险条例》第十五条第二的规定，即视同工伤。

综上，被告涪陵区人社局认定罗某受伤视同因工受伤，适用法律正确。

风险点五：工伤补偿协议中的陷阱

（1）无论是劳动者，抑或是用人单位，在劳动者尚未认定工伤的情况下，如果劳动者与用人单位就工伤达成赔偿协议的，该赔偿协议所约定的金额若少于未来工伤保险赔付金额，则用人单位仍需予以补足。

（2）在劳动者已被依法认定为工伤且已完成劳动能力鉴定的前提下，劳动者与用人单位就工伤保险赔付达成协议的，即使该赔偿协议所约定的金额少于未来工伤保险赔付金额，用人单位也无须补足差额。

（3）劳动者因为第三人侵权如交通事故等原因，所导致的伤害，当然可以获得民事赔偿，同时若劳动者基于工作原因被认定为工伤的，还可以获得工伤保险待遇赔付，这就是常说的"民事赔偿与工伤保险双赔付"，但是必须说明的是，该赔付中的医药费不能重复获得赔付。

（4）用人单位与劳动者均未在《工伤保险条例》第十七条规定的时限内申报工伤，劳动行政部门也不再受理双方提出的工伤申请，劳动者主张用人单位支付工伤保险待遇的，不予支持。

第八环节　劳动仲裁审理的基本程序及应诉技巧

一、劳动仲裁审理的基本程序

1. 书记员宣布仲裁庭纪律

（1）仲裁庭内要保持肃静，开庭时不准随便走动，不准鼓掌、喧哗、吵闹，不得使用无线电寻呼机、电话机和进行其他妨碍仲裁审理的活动。

（2）非经仲裁庭许可，不得发言、提问。

（3）非经仲裁庭许可不得拍照、录音、录像。

（4）仲裁庭内禁止吸烟。

（5）对违反仲裁庭纪律的人，由仲裁员劝告制止，不听劝告的，视其情节轻重，给予训诫，责令退出仲裁庭。对于违反纪律的当事人或代理人，情节严重的，申诉人按撤诉处理；被诉人责令其退出庭审，做缺席审理。构成犯罪的，建议司法机关追究其法律责任。

2. 书记员报告仲裁庭的准备工作就绪

书记员向仲裁员报告双方当事人的到庭情况。

3. 宣布开庭

仲裁员：

现在开庭。

天津市××区劳动人事争议仲裁委员会现在开庭审理（申请人）诉（被申请人）（案由）劳动争议一案。

4. 宣布仲裁庭组成人员

（1）宣布仲裁庭组成人员。

（2）本庭由首席仲裁员（姓名）、仲裁员（姓名）、仲裁员（姓名）组成合议庭审理或由仲裁员（姓名）独任审理，（姓名）任书记员，负责本庭记录。

5. 核对当事人身份

仲裁员：

现在核对当事人身份。

请申（被）请人说明自己的姓名、性别、年龄、民族、原工作单位、现住址；请委托代理人说明自己的姓名、性别、工作单位、职务、委托权限。

请被（申）请人说明单位全称、单位性质、法定代表人（主要负责人）的姓名、性别、工作单位、职务；请委托代理人说明自己的姓名、性别、工作单位、职务、委托权限。

申请人对被申请人的情况有质疑吗？

被申请人对申请人的情况有质疑吗？

6. 宣布当事人在庭审活动中的权利、义务

仲裁员宣布当事人在仲裁活动中的权利和义务：

当事人在仲裁活动中享有以下权利：

委托代理人、申请回避的权利；

提出仲裁申请或诉请、申辩和质证的权利；

请求调解、自行和解、要求裁决的权利；

提起诉讼、申请强制执行的权利；

申请人有放弃、变更、撤回申请或诉请的权利；

被申请人有承认、反驳申请人仲裁请求、提起反诉的权利。

当事人在庭审活动中应履行以下义务：

遵守仲裁程序和仲裁庭纪律；

如实陈述案情、回答仲裁员的提问；

对自己提出的主张举证的义务；

尊重对方当事人及其他庭审活动参加人的义务；

自觉履行发生法律效力的调解协议、裁决的义务。

申请人听清楚了吗？是否请求本庭组成人员（或其他人员）回避？

被申请人听清楚了吗？是否请求本庭组成人员（或其他人员）回避？

7. 庭审调查

仲裁员：

现在开始庭审调查。

请申请人宣读申请书。

请问申请人对请求事项是否有补充或变更？

申请人增加（变更）请求的，询问被申请人是否听清及是否要求就申请人增加（变更）的请求另行指定答辩期。如需要，当庭确定下次开庭的时间。

请被申请人宣读答辩书［如申请人当庭增加（变更）了请求事项，被申请人亦不需要指定答辩期，且庭前（或当庭）提交了书面答辩意见的，应提醒被申请人针对当庭增加（变更）的请求进行口头答辩并计入笔录。］

下面就申请人的请求进行调查，请当事人双方回答本庭提问。

请证人出庭。

宣读证人应履行的义务：证人有义务协助庭审调查案件事实，提供与案件事实有关的证据，必须实事求是地反映案件的真实情况，所证明的事实不准扩大或缩小，对所提供的证据要承担法律责任。

请证人回答本庭提出的问题。

（在调查过程中如发现有关键性事实需要庭后重新或补充调查或当事人需要补充证据的，可以宣布休庭，于庭后三日内提交证据，下次开庭时间，可当庭通知，也可庭后另行通知。）

8. 庭审辩论

仲裁员：

现在庭审辩论开始，双方当事人就本案审理的争议所涉及的主要事实和证据进行辩论。

先请申请人发言；

请申请人的委托代理人发言；

请被申请人发言；

请被申请人的委托代理人发言。

9. 双方最后陈述

申请人：

是否坚持诉请？

被申请人：

是否坚持答辩？

10. 调解

仲裁员：

现在进行调解。

申请人，是否同意调解？

被申请人，是否同意调解？

11. 宣布闭庭

仲裁员：

现在闭庭。

12. 双方当事人庭后审阅笔录，如无异议请签字

仲裁员、书记员签字。

二、劳动仲裁案件审理程序中需要特别注意的几个问题

1. 回避问题

根据《中华人民共和国劳动争议调解仲裁法》第三十三条规定，仲裁员是本案当事人或者当事人、代理人的近亲属的；与本案有利害关系的；与本案当事人、代理人有其他关系，可能影响公正裁决的；私自会见当事人、代理人，或者接受当事人、代理人的请客送礼等情形的，应当回避，当事人也有权以口头或者书面方式提出回避申请。劳动争议仲裁委员会对回避申请应当及时作出决定，并以口头或者书面方式通知当事人。

因此如果在庭审中，当事人回避请求的，应当在案件开始审理时提出，回避事由在案件开始审理后知道的，也可以在庭审辩论终结前提出，此时仲裁委员会将停止案件审理。

2. 增加（变更）请求事项问题

申请人的增加或变更请求事项必须在庭审调查前提出，一旦庭审中进行事实调查后，即使申请人此时确存在请求事项漏诉也不能增加或变更请求，程序法要求对此极为严格，因为增加或变更请求与被申请人要求答辩期紧密相连。如果申请人有其他遗漏或新增请求，只能另行提出仲裁申请。

3. 反申请问题

被申请人在收到应诉通知后，如果有反请求需要，只能在答辩期间提出，

实践中应当在庭审答辩开始前提出，否则劳动仲裁委员会将会要求被申请人另行申请仲裁。

4. 庭审中仲裁提问方式

（1）仲裁员在进行调查时一般首先将提问如下几个问题。

劳动者入职时间、从事的工作、劳动合同订立情况、劳动合同（关系）状态。

（2）仲裁员重点询问的其他几个问题。

①加班费问题：首先要求申请人就加班费请求、加班事实提供证据，此之谓劳动者的初步举证责任；当劳动者无证据提供时，将询问用人单位是否存在加班及是否存在考勤记录；若用人单位否认存在加班及无考勤记录，仲裁员将不再继续调查此情况。

②劳动合同订立问题：一般就是否订立了劳动合同、劳动合同订立时间和期限及签字盖章是否属实进行核实，对于劳动者以签字时文本为空白等抗辩，除非用人单位认可，否则一般不予进一步调查。

③解除或终止问题：一般针对劳动合同是否解除或终止、解除或终止时间和理由进行询问，并就该理由进行举证。

④工资、福利待遇问题：一般就劳动者工资标准、工资发放时间及相应的福利待遇是否发放进行询问。

⑤奖金问题：首先要求申请人就奖金类别、数额进行举证，若用人单位否认存在奖金，仲裁员将不再继续调查。

附　录

附录一:《中华人民共和国劳动法》

(1994 年 7 月 5 日第八届全国人民代表大会常务委员会第八次会议通过,根据 2009 年 8 月 27 日第十一届全国人民代表大会常务委员会第十次会议《关于修改部分法律的决定》第一次修正,根据 2018 年 12 月 29 日第十三届全国人民代表大会常务委员会第七次会议《关于修改〈中华人民共和国劳动法〉等七部法律的决定》第二次修正)

第一章　总　则

第一条　为了保护劳动者的合法权益,调整劳动关系,建立和维护适应社会主义市场经济的劳动制度,促进经济发展和社会进步,根据宪法,制定本法。

第二条　在中华人民共和国境内的企业、个体经济组织(以下统称用人单位)和与之形成劳动关系的劳动者,适用本法。

国家机关、事业组织、社会团体和与之建立劳动合同关系的劳动者,依照本法执行。

第三条　劳动者享有平等就业和选择职业的权利、取得劳动报酬的权利、休息休假的权利、获得劳动安全卫生保护的权利、接受职业技能培训的权利、享受社会保险和福利的权利、提请劳动争议处理的权利以及法律规定的其他劳动权利。

劳动者应当完成劳动任务,提高职业技能,执行劳动安全卫生规程,遵守劳动纪律和职业道德。

第四条　用人单位应当依法建立和完善规章制度,保障劳动者享有劳动权利和履行劳动义务。

第五条　国家采取各种措施,促进劳动就业,发展职业教育,制定劳动标准,调节社会收入,完善社会保险,协调劳动关系,逐步提高劳动者的生活水平。

第六条　国家提倡劳动者参加社会义务劳动，开展劳动竞赛和合理化建议活动，鼓励和保护劳动者进行科学研究、技术革新和发明创造，表彰和奖励劳动模范和先进工作者。

第七条　劳动者有权依法参加和组织工会。

工会代表和维护劳动者的合法权益，依法独立自主地开展活动。

第八条　劳动者依照法律规定，通过职工大会、职工代表大会或者其他形式，参与民主管理或者就保护劳动者合法权益与用人单位进行平等协商。

第九条　国务院劳动行政部门主管全国劳动工作。

县级以上地方人民政府劳动行政部门主管本行政区域内的劳动工作。

第二章　促进就业

第十条　国家通过促进经济和社会发展，创造就业条件，扩大就业机会。

国家鼓励企业、事业组织、社会团体在法律、行政法规规定的范围内兴办产业或者拓展经营，增加就业。

国家支持劳动者自愿组织起来就业和从事个体经营实现就业。

第十一条　地方各级人民政府应当采取措施，发展多种类型的职业介绍机构，提供就业服务。

第十二条　劳动者就业，不因民族、种族、性别、宗教信仰不同而受歧视。

第十三条　妇女享有与男子平等的就业权利。在录用职工时，除国家规定的不适合妇女的工种或者岗位外，不得以性别为由拒绝录用妇女或者提高对妇女的录用标准。

第十四条　残疾人、少数民族人员、退出现役的军人的就业，法律、法规有特别规定的，从其规定。

第十五条　禁止用人单位招用未满十六周岁的未成年人。

文艺、体育和特种工艺单位招用未满十六周岁的未成年人，必须遵守国家有关规定，并保障其接受义务教育的权利。

第三章　劳动合同和集体合同

第十六条　劳动合同是劳动者与用人单位确立劳动关系、明确双方权利和义务的协议。

建立劳动关系应当订立劳动合同。

第十七条　订立和变更劳动合同，应当遵循平等自愿、协商一致的原则，不得违反法律、行政法规的规定。

劳动合同依法订立即具有法律约束力，当事人必须履行劳动合同规定的义务。

第十八条　下列劳动合同无效：

（一）违反法律、行政法规的劳动合同；

（二）采取欺诈、威胁等手段订立的劳动合同。

无效的劳动合同，从订立的时候起，就没有法律约束力。确认劳动合同部分无效的，如果不影响其余部分的效力，其余部分仍然有效。

劳动合同的无效，由劳动争议仲裁委员会或者人民法院确认。

第十九条　劳动合同应当以书面形式订立，并具备以下条款：

（一）劳动合同期限；

（二）工作内容；

（三）劳动保护和劳动条件；

（四）劳动报酬；

（五）劳动纪律；

（六）劳动合同终止的条件；

（七）违反劳动合同的责任。

劳动合同除前款规定的必备条款外，当事人可以协商约定其他内容。

第二十条　劳动合同的期限分为有固定期限、无固定期限和以完成一定的工作为期限。

劳动者在同一用人单位连续工作满十年以上，当事人双方同意续延劳动合同的，如果劳动者提出订立无固定期限的劳动合同，应当订立无固定期限的劳动合同。

第二十一条　劳动合同可以约定试用期。试用期最长不得超过六个月。

第二十二条　劳动合同当事人可以在劳动合同中约定保守用人单位商业秘密的有关事项。

第二十三条　劳动合同期满或者当事人约定的劳动合同终止条件出现，劳动合同即行终止。

第二十四条　经劳动合同当事人协商一致，劳动合同可以解除。

第二十五条　劳动者有下列情形之一的，用人单位可以解除劳动合同：

（一）在试用期间被证明不符合录用条件的；

（二）严重违反劳动纪律或者用人单位规章制度的；

（三）严重失职，营私舞弊，对用人单位利益造成重大损害的；

（四）被依法追究刑事责任的。

第二十六条　有下列情形之一的，用人单位可以解除劳动合同，但是应当提前三十日以书面形式通知劳动者本人：

（一）劳动者患病或者非因工负伤，医疗期满后，不能从事原工作也不能从事由用人单位另行安排的工作的；

（二）劳动者不能胜任工作，经过培训或者调整工作岗位，仍不能胜任工作的；

（三）劳动合同订立时所依据的客观情况发生重大变化，致使原劳动合同无法履行，经当事人协商不能就变更劳动合同达成协议的。

第二十七条　用人单位濒临破产进行法定整顿期间或者生产经营状况发生严重困难，确需裁减人员的，应当提前三十日向工会或者全体职工说明情况，听取工会或者职工的意见，经向劳动行政部门报告后，可以裁减人员。

用人单位依据本条规定裁减人员，在六个月内录用人员的，应当优先录用被裁减的人员。

第二十八条　用人单位依据本法第二十四条、第二十六条、第二十七条的规定解除劳动合同的，应当依照国家有关规定给予经济补偿。

第二十九条　劳动者有下列情形之一的，用人单位不得依据本法第二十六条、第二十七条的规定解除劳动合同：

（一）患职业病或者因工负伤并被确认丧失或者部分丧失劳动能力的；

（二）患病或者负伤，在规定的医疗期内的；

（三）女职工在孕期、产期、哺乳期内的；

（四）法律、行政法规规定的其他情形。

第三十条　用人单位解除劳动合同，工会认为不适当的，有权提出意见。如果用人单位违反法律、法规或者劳动合同，工会有权要求重新处理；劳动者申请仲裁或者提起诉讼的，工会应当依法给予支持和帮助。

第三十一条　劳动者解除劳动合同，应当提前三十日以书面形式通知用人单位。

第三十二条　有下列情形之一的，劳动者可以随时通知用人单位解除劳动合同：

（一）在试用期内的；

（二）用人单位以暴力、威胁或者非法限制人身自由的手段强迫劳动的；

（三）用人单位未按照劳动合同约定支付劳动报酬或者提供劳动条件的。

第三十三条 企业职工一方与企业可以就劳动报酬、工作时间、休息休假、劳动安全卫生、保险福利等事项，签订集体合同。集体合同草案应当提交职工代表大会或者全体职工讨论通过。

集体合同由工会代表职工与企业签订；没有建立工会的企业，由职工推举的代表与企业签订。

第三十四条 集体合同签订后应当报送劳动行政部门；劳动行政部门自收到集体合同文本之日起十五日内未提出异议的，集体合同即行生效。

第三十五条 依法签订的集体合同对企业和企业全体职工具有约束力。职工个人与企业订立的劳动合同中劳动条件和劳动报酬等标准不得低于集体合同的规定。

第四章　工作时间和休息休假

第三十六条 国家实行劳动者每日工作时间不超过八小时、平均每周工作时间不超过四十四小时的工时制度。

第三十七条 对实行计件工作的劳动者，用人单位应当根据本法第三十六条规定的工时制度合理确定其劳动定额和计件报酬标准。

第三十八条 用人单位应当保证劳动者每周至少休息一日。

第三十九条 企业因生产特点不能实行本法第三十六条、第三十八条规定的，经劳动行政部门批准，可以实行其他工作和休息办法。

第四十条 用人单位在下列节日期间应当依法安排劳动者休假：

（一）元旦；

（二）春节；

（三）国际劳动节；

（四）国庆节；

（五）法律、法规规定的其他休假节日。

第四十一条 用人单位由于生产经营需要，经与工会和劳动者协商后可以延长工作时间，一般每日不得超过一小时；因特殊原因需要延长工作时间的，在保障劳动者身体健康的条件下延长工作时间每日不得超过三小时，但是每月不得超过三十六小时。

第四十二条　有下列情形之一的，延长工作时间不受本法第四十一条规定的限制：

（一）发生自然灾害、事故或者因其他原因，威胁劳动者生命健康和财产安全，需要紧急处理的；

（二）生产设备、交通运输线路、公共设施发生故障，影响生产和公众利益，必须及时抢修的；

（三）法律、行政法规规定的其他情形。

第四十三条　用人单位不得违反本法规定延长劳动者的工作时间。

第四十四条　有下列情形之一的，用人单位应当按照下列标准支付高于劳动者正常工作时间工资的工资报酬：

（一）安排劳动者延长工作时间的，支付不低于工资的百分之一百五十的工资报酬；

（二）休息日安排劳动者工作又不能安排补休的，支付不低于工资的百分之二百的工资报酬；

（三）法定休假日安排劳动者工作的，支付不低于工资的百分之三百的工资报酬。

第四十五条　国家实行带薪年休假制度。

劳动者连续工作一年以上的，享受带薪年休假。具体办法由国务院规定。

第五章　工　资

第四十六条　工资分配应当遵循按劳分配原则，实行同工同酬。

工资水平在经济发展的基础上逐步提高。国家对工资总量实行宏观调控。

第四十七条　用人单位根据本单位的生产经营特点和经济效益，依法自主确定本单位的工资分配方式和工资水平。

第四十八条　国家实行最低工资保障制度。最低工资的具体标准由省、自治区、直辖市人民政府规定，报国务院备案。

用人单位支付劳动者的工资不得低于当地最低工资标准。

第四十九条　确定和调整最低工资标准应当综合参考下列因素：

（一）劳动者本人及平均赡养人口的最低生活费用；

（二）社会平均工资水平；

（三）劳动生产率；

（四）就业状况；

（五）地区之间经济发展水平的差异。

第五十条 工资应当以货币形式按月支付给劳动者本人。不得克扣或者无故拖欠劳动者的工资。

第五十一条 劳动者在法定休假日和婚丧假期间以及依法参加社会活动期间，用人单位应当依法支付工资。

第六章　劳动安全卫生

第五十二条 用人单位必须建立、健全劳动安全卫生制度，严格执行国家劳动安全卫生规程和标准，对劳动者进行劳动安全卫生教育，防止劳动过程中的事故，减少职业危害。

第五十三条 劳动安全卫生设施必须符合国家规定的标准。

新建、改建、扩建工程的劳动安全卫生设施必须与主体工程同时设计、同时施工、同时投入生产和使用。

第五十四条 用人单位必须为劳动者提供符合国家规定的劳动安全卫生条件和必要的劳动防护用品，对从事有职业危害作业的劳动者应当定期进行健康检查。

第五十五条 从事特种作业的劳动者必须经过专门培训并取得特种作业资格。

第五十六条 劳动者在劳动过程中必须严格遵守安全操作规程。

劳动者对用人单位管理人员违章指挥、强令冒险作业，有权拒绝执行；对危害生命安全和身体健康的行为，有权提出批评、检举和控告。

第五十七条 国家建立伤亡事故和职业病统计报告和处理制度。县级以上各级人民政府劳动行政部门、有关部门和用人单位应当依法对劳动者在劳动过程中发生的伤亡事故和劳动者的职业病状况，进行统计、报告和处理。

第七章　女职工和未成年工特殊保护

第五十八条 国家对女职工和未成年工实行特殊劳动保护。

未成年工是指年满十六周岁未满十八周岁的劳动者。

第五十九条 禁止安排女职工从事矿山井下、国家规定的第四级体力劳动强度的劳动和其他禁忌从事的劳动。

第六十条　不得安排女职工在经期从事高处、低温、冷水作业和国家规定的第三级体力劳动强度的劳动。

第六十一条　不得安排女职工在怀孕期间从事国家规定的第三级体力劳动强度的劳动和孕期禁忌从事的劳动。对怀孕七个月以上的女职工，不得安排其延长工作时间和夜班劳动。

第六十二条　女职工生育享受不少于九十天的产假。

第六十三条　不得安排女职工在哺乳未满一周岁的婴儿期间从事国家规定的第三级体力劳动强度的劳动和哺乳期禁忌从事的其他劳动，不得安排其延长工作时间和夜班劳动。

第六十四条　不得安排未成年工从事矿山井下、有毒有害、国家规定的第四级体力劳动强度的劳动和其他禁忌从事的劳动。

第六十五条　用人单位应当对未成年工定期进行健康检查。

第八章　职业培训

第六十六条　国家通过各种途径，采取各种措施，发展职业培训事业，开发劳动者的职业技能，提高劳动者素质，增强劳动者的就业能力和工作能力。

第六十七条　各级人民政府应当把发展职业培训纳入社会经济发展的规划，鼓励和支持有条件的企业、事业组织、社会团体和个人进行各种形式的职业培训。

第六十八条　用人单位应当建立职业培训制度，按照国家规定提取和使用职业培训经费，根据本单位实际，有计划地对劳动者进行职业培训。

从事技术工种的劳动者，上岗前必须经过培训。

第六十九条　国家确定职业分类，对规定的职业制定职业技能标准，实行职业资格证书制度，由经备案的考核鉴定机构负责对劳动者实施职业技能考核鉴定。

第九章　社会保险和福利

第七十条　国家发展社会保险事业，建立社会保险制度，设立社会保险基金，使劳动者在年老、患病、工伤、失业、生育等情况下获得帮助和补偿。

第七十一条　社会保险水平应当与社会经济发展水平和社会承受能力相适应。

第七十二条　社会保险基金按照保险类型确定资金来源，逐步实行社会统筹。用人单位和劳动者必须依法参加社会保险，缴纳社会保险费。

第七十三条　劳动者在下列情形下，依法享受社会保险待遇：

（一）退休；

（二）患病、负伤；

（三）因工伤残或者患职业病；

（四）失业；

（五）生育。

劳动者死亡后，其遗属依法享受遗属津贴。

劳动者享受社会保险待遇的条件和标准由法律、法规规定。

劳动者享受的社会保险金必须按时足额支付。

第七十四条　社会保险基金经办机构依照法律规定收支、管理和运营社会保险基金，并负有使社会保险基金保值增值的责任。

社会保险基金监督机构依照法律规定，对社会保险基金的收支、管理和运营实施监督。

社会保险基金经办机构和社会保险基金监督机构的设立和职能由法律规定。

任何组织和个人不得挪用社会保险基金。

第七十五条　国家鼓励用人单位根据本单位实际情况为劳动者建立补充保险。

国家提倡劳动者个人进行储蓄性保险。

第七十六条　国家发展社会福利事业，兴建公共福利设施，为劳动者休息、休养和疗养提供条件。

用人单位应当创造条件，改善集体福利，提高劳动者的福利待遇。

第十章　劳动争议

第七十七条　用人单位与劳动者发生劳动争议，当事人可以依法申请调解、仲裁、提起诉讼，也可以协商解决。

调解原则适用于仲裁和诉讼程序。

第七十八条　解决劳动争议，应当根据合法、公正、及时处理的原则，依法维护劳动争议当事人的合法权益。

第七十九条　劳动争议发生后，当事人可以向本单位劳动争议调解委员会申请调解；调解不成，当事人一方要求仲裁的，可以向劳动争议仲裁委员会申请仲裁。当事人一方也可以直接向劳动争议仲裁委员会申请仲裁。对仲裁裁决不服的，可以向人民法院提起诉讼。

第八十条　在用人单位内，可以设立劳动争议调解委员会。劳动争议调解委员会由职工代表、用人单位代表和工会代表组成。劳动争议调解委员会主任由工会代表担任。

劳动争议经调解达成协议的，当事人应当履行。

第八十一条　劳动争议仲裁委员会由劳动行政部门代表、同级工会代表、用人单位方面的代表组成。劳动争议仲裁委员会主任由劳动行政部门代表担任。

第八十二条　提出仲裁要求的一方应当自劳动争议发生之日起六十日内向劳动争议仲裁委员会提出书面申请。仲裁裁决一般应在收到仲裁申请的六十日内作出。对仲裁裁决无异议的，当事人必须履行。

第八十三条　劳动争议当事人对仲裁裁决不服的，可以自收到仲裁裁决书之日起十五日内向人民法院提起诉讼。一方当事人在法定期限内不起诉又不履行仲裁裁决的，另一方当事人可以申请人民法院强制执行。

第八十四条　因签订集体合同发生争议，当事人协商解决不成的，当地人民政府劳动行政部门可以组织有关各方协调处理。

因履行集体合同发生争议，当事人协商解决不成的，可以向劳动争议仲裁委员会申请仲裁；对仲裁裁决不服的，可以自收到仲裁裁决书之日起十五日内向人民法院提起诉讼。

第十一章　监督检查

第八十五条　县级以上各级人民政府劳动行政部门依法对用人单位遵守劳动法律、法规的情况进行监督检查，对违反劳动法律、法规的行为有权制止，并责令改正。

第八十六条　县级以上各级人民政府劳动行政部门监督检查人员执行公务，有权进入用人单位了解执行劳动法律、法规的情况，查阅必要的资料，并对劳动场所进行检查。

县级以上各级人民政府劳动行政部门监督检查人员执行公务，必须出示证件，秉公执法并遵守有关规定。

第八十七条　县级以上各级人民政府有关部门在各自职责范围内，对用人单位遵守劳动法律、法规的情况进行监督。

第八十八条 各级工会依法维护劳动者的合法权益，对用人单位遵守劳动法律、法规的情况进行监督。

任何组织和个人对于违反劳动法律、法规的行为有权检举和控告。

第十二章 法律责任

第八十九条 用人单位制定的劳动规章制度违反法律、法规规定的，由劳动行政部门给予警告，责令改正；对劳动者造成损害的，应当承担赔偿责任。

第九十条 用人单位违反本法规定，延长劳动者工作时间的，由劳动行政部门给予警告，责令改正，并可以处以罚款。

第九十一条 用人单位有下列侵害劳动者合法权益情形之一的，由劳动行政部门责令支付劳动者的工资报酬、经济补偿，并可以责令支付赔偿金：

（一）克扣或者无故拖欠劳动者工资的；

（二）拒不支付劳动者延长工作时间工资报酬的；

（三）低于当地最低工资标准支付劳动者工资的；

（四）解除劳动合同后，未依照本法规定给予劳动者经济补偿的。

第九十二条 用人单位的劳动安全设施和劳动卫生条件不符合国家规定或者未向劳动者提供必要的劳动防护用品和劳动保护设施的，由劳动行政部门或者有关部门责令改正，可以处以罚款；情节严重的，提请县级以上人民政府决定责令停产整顿；对事故隐患不采取措施，致使发生重大事故，造成劳动者生命和财产损失的，对责任人员依照刑法有关规定追究刑事责任。

第九十三条 用人单位强令劳动者违章冒险作业，发生重大伤亡事故，造成严重后果的，对责任人员依法追究刑事责任。

第九十四条 用人单位非法招用未满十六周岁的未成年人的，由劳动行政部门责令改正，处以罚款；情节严重的，由市场监督管理部门吊销营业执照。

第九十五条 用人单位违反本法对女职工和未成年工的保护规定，侵害其合法权益的，由劳动行政部门责令改正，处以罚款；对女职工或者未成年工造成损害的，应当承担赔偿责任。

第九十六条 用人单位有下列行为之一，由公安机关对责任人员处以十五日以下拘留、罚款或者警告；构成犯罪的，对责任人员依法追究刑事责任：

（一）以暴力、威胁或者非法限制人身自由的手段强迫劳动的；

（二）侮辱、体罚、殴打、非法搜查和拘禁劳动者的。

第九十七条　由于用人单位的原因订立的无效合同，对劳动者造成损害的，应当承担赔偿责任。

第九十八条　用人单位违反本法规定的条件解除劳动合同或者故意拖延不订立劳动合同的，由劳动行政部门责令改正；对劳动者造成损害的，应当承担赔偿责任。

第九十九条　用人单位招用尚未解除劳动合同的劳动者，对原用人单位造成经济损失的，该用人单位应当依法承担连带赔偿责任。

第一百条　用人单位无故不缴纳社会保险费的，由劳动行政部门责令其限期缴纳；逾期不缴的，可以加收滞纳金。

第一百零一条　用人单位无理阻挠劳动行政部门、有关部门及其工作人员行使监督检查权，打击报复举报人员的，由劳动行政部门或者有关部门处以罚款；构成犯罪的，对责任人员依法追究刑事责任。

第一百零二条　劳动者违反本法规定的条件解除劳动合同或者违反劳动合同中约定的保密事项，对用人单位造成经济损失的，应当依法承担赔偿责任。

第一百零三条　劳动行政部门或者有关部门的工作人员滥用职权、玩忽职守、徇私舞弊，构成犯罪的，依法追究刑事责任；不构成犯罪的，给予行政处分。

第一百零四条　国家工作人员和社会保险基金经办机构的工作人员挪用社会保险基金，构成犯罪的，依法追究刑事责任。

第一百零五条　违反本法规定侵害劳动者合法权益，其他法律、行政法规已规定处罚的，依照该法律、行政法规的规定处罚。

第十三章　附　则

第一百零六条　省、自治区、直辖市人民政府根据本法和本地区的实际情况，规定劳动合同制度的实施步骤，报国务院备案。

第一百零七条　本法自 1995 年 1 月 1 日起施行。

附录二：《中华人民共和国劳动合同法》

（2007 年 6 月 29 日第十届全国人民代表大会常务委员会第二十八次会议通

过，根据 2012 年 12 月 28 日第十一届全国人民代表大会常务委员会第三十次会议《关于修改〈中华人民共和国劳动合同法〉的决定》修正）

第一章 总 则

第一条 为了完善劳动合同制度，明确劳动合同双方当事人的权利和义务，保护劳动者的合法权益，构建和发展和谐稳定的劳动关系，制定本法。

第二条 中华人民共和国境内的企业、个体经济组织、民办非企业单位等组织（以下称用人单位）与劳动者建立劳动关系，订立、履行、变更、解除或者终止劳动合同，适用本法。

国家机关、事业单位、社会团体和与其建立劳动关系的劳动者，订立、履行、变更、解除或者终止劳动合同，依照本法执行。

第三条 订立劳动合同，应当遵循合法、公平、平等自愿、协商一致、诚实信用的原则。

依法订立的劳动合同具有约束力，用人单位与劳动者应当履行劳动合同约定的义务。

第四条 用人单位应当依法建立和完善劳动规章制度，保障劳动者享有劳动权利、履行劳动义务。

用人单位在制定、修改或者决定有关劳动报酬、工作时间、休息休假、劳动安全卫生、保险福利、职工培训、劳动纪律以及劳动定额管理等直接涉及劳动者切身利益的规章制度或者重大事项时，应当经职工代表大会或者全体职工讨论，提出方案和意见，与工会或者职工代表平等协商确定。

在规章制度和重大事项决定实施过程中，工会或者职工认为不适当的，有权向用人单位提出，通过协商予以修改完善。

用人单位应当将直接涉及劳动者切身利益的规章制度和重大事项决定公示，或者告知劳动者。

第五条 县级以上人民政府劳动行政部门会同工会和企业方面代表，建立健全协调劳动关系三方机制，共同研究解决有关劳动关系的重大问题。

第六条 工会应当帮助、指导劳动者与用人单位依法订立和履行劳动合同，并与用人单位建立集体协商机制，维护劳动者的合法权益。

第二章 劳动合同的订立

第七条 用人单位自用工之日起即与劳动者建立劳动关系。用人单位应当建立职工名册备查。

第八条　用人单位招用劳动者时，应当如实告知劳动者工作内容、工作条件、工作地点、职业危害、安全生产状况、劳动报酬，以及劳动者要求了解的其他情况；用人单位有权了解劳动者与劳动合同直接相关的基本情况，劳动者应当如实说明。

第九条　用人单位招用劳动者，不得扣押劳动者的居民身份证和其他证件，不得要求劳动者提供担保或者以其他名义向劳动者收取财物。

第十条　建立劳动关系，应当订立书面劳动合同。

已建立劳动关系，未同时订立书面劳动合同的，应当自用工之日起一个月内订立书面劳动合同。

用人单位与劳动者在用工前订立劳动合同的，劳动关系自用工之日起建立。

第十一条　用人单位未在用工的同时订立书面劳动合同，与劳动者约定的劳动报酬不明确的，新招用的劳动者的劳动报酬按照集体合同规定的标准执行；没有集体合同或者集体合同未规定的，实行同工同酬。

第十二条　劳动合同分为固定期限劳动合同、无固定期限劳动合同和以完成一定工作任务为期限的劳动合同。

第十三条　固定期限劳动合同，是指用人单位与劳动者约定合同终止时间的劳动合同。

用人单位与劳动者协商一致，可以订立固定期限劳动合同。

第十四条　无固定期限劳动合同，是指用人单位与劳动者约定无确定终止时间的劳动合同。

用人单位与劳动者协商一致，可以订立无固定期限劳动合同。有下列情形之一，劳动者提出或者同意续订、订立劳动合同的，除劳动者提出订立固定期限劳动合同外，应当订立无固定期限劳动合同：

（一）劳动者在该用人单位连续工作满十年的；

（二）用人单位初次实行劳动合同制度或者国有企业改制重新订立劳动合同时，劳动者在该用人单位连续工作满十年且距法定退休年龄不足十年的；

（三）连续订立二次固定期限劳动合同，且劳动者没有本法第三十九条和第四十条第一项、第二项规定的情形，续订劳动合同的。

用人单位自用工之日起满一年不与劳动者订立书面劳动合同的，视为用人单位与劳动者已订立无固定期限劳动合同。

第十五条 以完成一定工作任务为期限的劳动合同，是指用人单位与劳动者约定以某项工作的完成为合同期限的劳动合同。

用人单位与劳动者协商一致，可以订立以完成一定工作任务为期限的劳动合同。

第十六条 劳动合同由用人单位与劳动者协商一致，并经用人单位与劳动者在劳动合同文本上签字或者盖章生效。

劳动合同文本由用人单位和劳动者各执一份。

第十七条 劳动合同应当具备以下条款：

（一）用人单位的名称、住所和法定代表人或者主要负责人；

（二）劳动者的姓名、住址和居民身份证或者其他有效身份证件号码；

（三）劳动合同期限；

（四）工作内容和工作地点；

（五）工作时间和休息休假；

（六）劳动报酬；

（七）社会保险；

（八）劳动保护、劳动条件和职业危害防护；

（九）法律、法规规定应当纳入劳动合同的其他事项。

劳动合同除前款规定的必备条款外，用人单位与劳动者可以约定试用期、培训、保守秘密、补充保险和福利待遇等其他事项。

第十八条 劳动合同对劳动报酬和劳动条件等标准约定不明确，引发争议的，用人单位与劳动者可以重新协商；协商不成的，适用集体合同规定；没有集体合同或者集体合同未规定劳动报酬的，实行同工同酬；没有集体合同或者集体合同未规定劳动条件等标准的，适用国家有关规定。

第十九条 劳动合同期限三个月以上不满一年的，试用期不得超过一个月；劳动合同期限一年以上不满三年的，试用期不得超过二个月；三年以上固定期限和无固定期限的劳动合同，试用期不得超过六个月。

同一用人单位与同一劳动者只能约定一次试用期。

以完成一定工作任务为期限的劳动合同或者劳动合同期限不满三个月的，不得约定试用期。

试用期包含在劳动合同期限内。劳动合同仅约定试用期的，试用期不成立，该期限为劳动合同期限。

第二十条　劳动者在试用期的工资不得低于本单位相同岗位最低档工资或者劳动合同约定工资的百分之八十，并不得低于用人单位所在地的最低工资标准。

第二十一条　在试用期中，除劳动者有本法第三十九条和第四十条第一项、第二项规定的情形外，用人单位不得解除劳动合同。用人单位在试用期解除劳动合同的，应当向劳动者说明理由。

第二十二条　用人单位为劳动者提供专项培训费用，对其进行专业技术培训的，可以与该劳动者订立协议，约定服务期。

劳动者违反服务期约定的，应当按照约定向用人单位支付违约金。违约金的数额不得超过用人单位提供的培训费用。用人单位要求劳动者支付的违约金不得超过服务期尚未履行部分所应分摊的培训费用。

用人单位与劳动者约定服务期的，不影响按照正常的工资调整机制提高劳动者在服务期期间的劳动报酬。

第二十三条　用人单位与劳动者可以在劳动合同中约定保守用人单位的商业秘密和与知识产权相关的保密事项。

对负有保密义务的劳动者，用人单位可以在劳动合同或者保密协议中与劳动者约定竞业限制条款，并约定在解除或者终止劳动合同后，在竞业限制期限内按月给予劳动者经济补偿。劳动者违反竞业限制约定的，应当按照约定向用人单位支付违约金。

第二十四条　竞业限制的人员限于用人单位的高级管理人员、高级技术人员和其他负有保密义务的人员。竞业限制的范围、地域、期限由用人单位与劳动者约定，竞业限制的约定不得违反法律、法规的规定。

在解除或者终止劳动合同后，前款规定的人员到与本单位生产或者经营同类产品、从事同类业务的有竞争关系的其他用人单位，或者自己开业生产或者经营同类产品、从事同类业务的竞业限制期限，不得超过二年。

第二十五条　除本法第二十二条和第二十三条规定的情形外，用人单位不得与劳动者约定由劳动者承担违约金。

第二十六条　下列劳动合同无效或者部分无效：

（一）以欺诈、胁迫的手段或者乘人之危，使对方在违背真实意思的情况下订立或者变更劳动合同的；

（二）用人单位免除自己的法定责任、排除劳动者权利的；

（三）违反法律、行政法规强制性规定的。

对劳动合同的无效或者部分无效有争议的，由劳动争议仲裁机构或者人民法院确认。

第二十七条 劳动合同部分无效，不影响其他部分效力的，其他部分仍然有效。

第二十八条 劳动合同被确认无效，劳动者已付出劳动的，用人单位应当向劳动者支付劳动报酬。劳动报酬的数额，参照本单位相同或者相近岗位劳动者的劳动报酬确定。

第三章　劳动合同的履行和变更

第二十九条 用人单位与劳动者应当按照劳动合同的约定，全面履行各自的义务。

第三十条 用人单位应当按照劳动合同约定和国家规定，向劳动者及时足额支付劳动报酬。

用人单位拖欠或者未足额支付劳动报酬的，劳动者可以依法向当地人民法院申请支付令，人民法院应当依法发出支付令。

第三十一条 用人单位应当严格执行劳动定额标准，不得强迫或者变相强迫劳动者加班。用人单位安排加班的，应当按照国家有关规定向劳动者支付加班费。

第三十二条 劳动者拒绝用人单位管理人员违章指挥、强令冒险作业的，不视为违反劳动合同。

劳动者对危害生命安全和身体健康的劳动条件，有权对用人单位提出批评、检举和控告。

第三十三条 用人单位变更名称、法定代表人、主要负责人或者投资人等事项，不影响劳动合同的履行。

第三十四条 用人单位发生合并或者分立等情况，原劳动合同继续有效，劳动合同由承继其权利和义务的用人单位继续履行。

第三十五条 用人单位与劳动者协商一致，可以变更劳动合同约定的内容。变更劳动合同，应当采用书面形式。

变更后的劳动合同文本由用人单位和劳动者各执一份。

第四章　劳动合同的解除和终止

第三十六条 用人单位与劳动者协商一致，可以解除劳动合同。

第三十七条　劳动者提前三十日以书面形式通知用人单位，可以解除劳动合同。劳动者在试用期内提前三日通知用人单位，可以解除劳动合同。

第三十八条　用人单位有下列情形之一的，劳动者可以解除劳动合同：

（一）未按照劳动合同约定提供劳动保护或者劳动条件的；

（二）未及时足额支付劳动报酬的；

（三）未依法为劳动者缴纳社会保险费的；

（四）用人单位的规章制度违反法律、法规的规定，损害劳动者权益的；

（五）因本法第二十六条第一款规定的情形致使劳动合同无效的；

（六）法律、行政法规规定劳动者可以解除劳动合同的其他情形。

用人单位以暴力、威胁或者非法限制人身自由的手段强迫劳动者劳动的，或者用人单位违章指挥、强令冒险作业危及劳动者人身安全的，劳动者可以立即解除劳动合同，不需事先告知用人单位。

第三十九条　劳动者有下列情形之一的，用人单位可以解除劳动合同：

（一）在试用期间被证明不符合录用条件的；

（二）严重违反用人单位的规章制度的；

（三）严重失职，营私舞弊，给用人单位造成重大损害的；

（四）劳动者同时与其他用人单位建立劳动关系，对完成本单位的工作任务造成严重影响，或者经用人单位提出，拒不改正的；

（五）因本法第二十六条第一款第一项规定的情形致使劳动合同无效的；

（六）被依法追究刑事责任的。

第四十条　有下列情形之一的，用人单位提前三十日以书面形式通知劳动者本人或者额外支付劳动者一个月工资后，可以解除劳动合同：

（一）劳动者患病或者非因工负伤，在规定的医疗期满后不能从事原工作，也不能从事由用人单位另行安排的工作的；

（二）劳动者不能胜任工作，经过培训或者调整工作岗位，仍不能胜任工作的；

（三）劳动合同订立时所依据的客观情况发生重大变化，致使劳动合同无法履行，经用人单位与劳动者协商，未能就变更劳动合同内容达成协议的。

第四十一条　有下列情形之一，需要裁减人员二十人以上或者裁减不足二十人但占企业职工总数百分之十以上的，用人单位提前三十日向工会或者全体职工说明情况，听取工会或者职工的意见后，裁减人员方案经向劳动行政部门报告，可以裁减人员：

（一）依照企业破产法规定进行重整的；

（二）生产经营发生严重困难的；

（三）企业转产、重大技术革新或者经营方式调整，经变更劳动合同后，仍需裁减人员的；

（四）其他因劳动合同订立时所依据的客观经济情况发生重大变化，致使劳动合同无法履行的。

裁减人员时，应当优先留用下列人员：

（一）与本单位订立较长期限的固定期限劳动合同的；

（二）与本单位订立无固定期限劳动合同的；

（三）家庭无其他就业人员，有需要扶养的老人或者未成年人的。

用人单位依照本条第一款规定裁减人员，在六个月内重新招用人员的，应当通知被裁减的人员，并在同等条件下优先招用被裁减的人员。

第四十二条 劳动者有下列情形之一的，用人单位不得依照本法第四十条、第四十一条的规定解除劳动合同：

（一）从事接触职业病危害作业的劳动者未进行离岗前职业健康检查，或者疑似职业病病人在诊断或者医学观察期间的；

（二）在本单位患职业病或者因工负伤并被确认丧失或者部分丧失劳动能力的；

（三）患病或者非因工负伤，在规定的医疗期内的；

（四）女职工在孕期、产期、哺乳期的；

（五）在本单位连续工作满十五年，且距法定退休年龄不足五年的；

（六）法律、行政法规规定的其他情形。

第四十三条 用人单位单方解除劳动合同，应当事先将理由通知工会。用人单位违反法律、行政法规规定或者劳动合同约定的，工会有权要求用人单位纠正。用人单位应当研究工会的意见，并将处理结果书面通知工会。

第四十四条 有下列情形之一的，劳动合同终止：

（一）劳动合同期满的；

（二）劳动者开始依法享受基本养老保险待遇的；

（三）劳动者死亡，或者被人民法院宣告死亡或者宣告失踪的；

（四）用人单位被依法宣告破产的；

（五）用人单位被吊销营业执照、责令关闭、撤销或者用人单位决定提前解散的；

（六）法律、行政法规规定的其他情形。

第四十五条　劳动合同期满，有本法第四十二条规定情形之一的，劳动合同应当续延至相应的情形消失时终止。但是，本法第四十二条第二项规定丧失或者部分丧失劳动能力劳动者的劳动合同的终止，按照国家有关工伤保险的规定执行。

第四十六条　有下列情形之一的，用人单位应当向劳动者支付经济补偿：

（一）劳动者依照本法第三十八条规定解除劳动合同的；

（二）用人单位依照本法第三十六条规定向劳动者提出解除劳动合同并与劳动者协商一致解除劳动合同的；

（三）用人单位依照本法第四十条规定解除劳动合同的；

（四）用人单位依照本法第四十一条第一款规定解除劳动合同的；

（五）除用人单位维持或者提高劳动合同约定条件续订劳动合同，劳动者不同意续订的情形外，依照本法第四十四条第一项规定终止固定期限劳动合同的；

（六）依照本法第四十四条第四项、第五项规定终止劳动合同的；

（七）法律、行政法规规定的其他情形。

第四十七条　经济补偿按劳动者在本单位工作的年限，每满一年支付一个月工资的标准向劳动者支付。六个月以上不满一年的，按一年计算；不满六个月的，向劳动者支付半个月工资的经济补偿。

劳动者月工资高于用人单位所在直辖市、设区的市级人民政府公布的本地区上年度职工月平均工资三倍的，向其支付经济补偿的标准按职工月平均工资三倍的数额支付，向其支付经济补偿的年限最高不超过十二年。

本条所称月工资是指劳动者在劳动合同解除或者终止前十二个月的平均工资。

第四十八条　用人单位违反本法规定解除或者终止劳动合同，劳动者要求继续履行劳动合同的，用人单位应当继续履行；劳动者不要求继续履行劳动合同或者劳动合同已经不能继续履行的，用人单位应当依照本法第八十七条规定支付赔偿金。

第四十九条　国家采取措施，建立健全劳动者社会保险关系跨地区转移接续制度。

第五十条 用人单位应当在解除或者终止劳动合同时出具解除或者终止劳动合同的证明，并在十五日内为劳动者办理档案和社会保险关系转移手续。

劳动者应当按照双方约定，办理工作交接。用人单位依照本法有关规定应当向劳动者支付经济补偿的，在办结工作交接时支付。

用人单位对已经解除或者终止的劳动合同的文本，至少保存二年备查。

第五章 特别规定

第一节 集体合同

第五十一条 企业职工一方与用人单位通过平等协商，可以就劳动报酬、工作时间、休息休假、劳动安全卫生、保险福利等事项订立集体合同。集体合同草案应当提交职工代表大会或者全体职工讨论通过。

集体合同由工会代表企业职工一方与用人单位订立；尚未建立工会的用人单位，由上级工会指导劳动者推举的代表与用人单位订立。

第五十二条 企业职工一方与用人单位可以订立劳动安全卫生、女职工权益保护、工资调整机制等专项集体合同。

第五十三条 在县级以下区域内，建筑业、采矿业、餐饮服务业等行业可以由工会与企业方面代表订立行业性集体合同，或者订立区域性集体合同。

第五十四条 集体合同订立后，应当报送劳动行政部门；劳动行政部门自收到集体合同文本之日起十五日内未提出异议的，集体合同即行生效。

依法订立的集体合同对用人单位和劳动者具有约束力。行业性、区域性集体合同对当地本行业、本区域的用人单位和劳动者具有约束力。

第五十五条 集体合同中劳动报酬和劳动条件等标准不得低于当地人民政府规定的最低标准；用人单位与劳动者订立的劳动合同中劳动报酬和劳动条件等标准不得低于集体合同规定的标准。

第五十六条 用人单位违反集体合同，侵犯职工劳动权益的，工会可以依法要求用人单位承担责任；因履行集体合同发生争议，经协商解决不成的，工会可以依法申请仲裁、提起诉讼。

第二节 劳务派遣

第五十七条 经营劳务派遣业务应当具备下列条件：

（一）注册资本不得少于人民币二百万元；

（二）有与开展业务相适应的固定的经营场所和设施；

（三）有符合法律、行政法规规定的劳务派遣管理制度；

（四）法律、行政法规规定的其他条件。

经营劳务派遣业务，应当向劳动行政部门依法申请行政许可；经许可的，依法办理相应的公司登记。未经许可，任何单位和个人不得经营劳务派遣业务。

第五十八条　劳务派遣单位是本法所称用人单位，应当履行用人单位对劳动者的义务。劳务派遣单位与被派遣劳动者订立的劳动合同，除应当载明本法第十七条规定的事项外，还应当载明被派遣劳动者的用工单位以及派遣期限、工作岗位等情况。

劳务派遣单位应当与被派遣劳动者订立二年以上的固定期限劳动合同，按月支付劳动报酬；被派遣劳动者在无工作期间，劳务派遣单位应当按照所在地人民政府规定的最低工资标准，向其按月支付报酬。

第五十九条　劳务派遣单位派遣劳动者应当与接受以劳务派遣形式用工的单位（以下称用工单位）订立劳务派遣协议。劳务派遣协议应当约定派遣岗位和人员数量、派遣期限、劳动报酬和社会保险费的数额与支付方式以及违反协议的责任。

用工单位应当根据工作岗位的实际需要与劳务派遣单位确定派遣期限，不得将连续用工期限分割订立数个短期劳务派遣协议。

第六十条　劳务派遣单位应当将劳务派遣协议的内容告知被派遣劳动者。

劳务派遣单位不得克扣用工单位按照劳务派遣协议支付给被派遣劳动者的劳动报酬。

劳务派遣单位和用工单位不得向被派遣劳动者收取费用。

第六十一条　劳务派遣单位跨地区派遣劳动者的，被派遣劳动者享有的劳动报酬和劳动条件，按照用工单位所在地的标准执行。

第六十二条　用工单位应当履行下列义务：

（一）执行国家劳动标准，提供相应的劳动条件和劳动保护；

（二）告知被派遣劳动者的工作要求和劳动报酬；

（三）支付加班费、绩效奖金，提供与工作岗位相关的福利待遇；

（四）对在岗被派遣劳动者进行工作岗位所必需的培训；

（五）连续用工的，实行正常的工资调整机制。

用工单位不得将被派遣劳动者再派遣到其他用人单位。

第六十三条　被派遣劳动者享有与用工单位的劳动者同工同酬的权利。用工单位应当按照同工同酬原则，对被派遣劳动者与本单位同类岗位的劳动者实行相同的劳动报酬分配办法。用工单位无同类岗位劳动者的，参照用工单位所在地相同或者相近岗位劳动者的劳动报酬确定。

劳务派遣单位与被派遣劳动者订立的劳动合同和与用工单位订立的劳务派遣协议，载明或者约定的向被派遣劳动者支付的劳动报酬应当符合前款规定。

第六十四条 被派遣劳动者有权在劳务派遣单位或者用工单位依法参加或者组织工会，维护自身的合法权益。

第六十五条 被派遣劳动者可以依照本法第三十六条、第三十八条的规定与劳务派遣单位解除劳动合同。

被派遣劳动者有本法第三十九条和第四十条第一项、第二项规定情形的，用工单位可以将劳动者退回劳务派遣单位，劳务派遣单位依照本法有关规定，可以与劳动者解除劳动合同。

第六十六条 劳动合同用工是我国的企业基本用工形式。劳务派遣用工是补充形式，只能在临时性、辅助性或者替代性的工作岗位上实施。

前款规定的临时性工作岗位是指存续时间不超过六个月的岗位；辅助性工作岗位是指为主营业务岗位提供服务的非主营业务岗位；替代性工作岗位是指用工单位的劳动者因脱产学习、休假等原因无法工作的一定期间内，可以由其他劳动者替代工作的岗位。

用工单位应当严格控制劳务派遣用工数量，不得超过其用工总量的一定比例，具体比例由国务院劳动行政部门规定。

第六十七条 用人单位不得设立劳务派遣单位向本单位或者所属单位派遣劳动者。

第三节 非全日制用工

第六十八条 非全日制用工，是指以小时计酬为主，劳动者在同一用人单位一般平均每日工作时间不超过四小时，每周工作时间累计不超过二十四小时的用工形式。

第六十九条 非全日制用工双方当事人可以订立口头协议。

从事非全日制用工的劳动者可以与一个或者一个以上用人单位订立劳动合同；但是，后订立的劳动合同不得影响先订立的劳动合同的履行。

第七十条 非全日制用工双方当事人不得约定试用期。

第七十一条 非全日制用工双方当事人任何一方都可以随时通知对方终止

用工。终止用工，用人单位不向劳动者支付经济补偿。

第七十二条　非全日制用工小时计酬标准不得低于用人单位所在地人民政府规定的最低小时工资标准。

非全日制用工劳动报酬结算支付周期最长不得超过十五日。

第六章　监督检查

第七十三条　国务院劳动行政部门负责全国劳动合同制度实施的监督管理。

县级以上地方人民政府劳动行政部门负责本行政区域内劳动合同制度实施的监督管理。

县级以上各级人民政府劳动行政部门在劳动合同制度实施的监督管理工作中，应当听取工会、企业方面代表以及有关行业主管部门的意见。

第七十四条　县级以上地方人民政府劳动行政部门依法对下列实施劳动合同制度的情况进行监督检查：

（一）用人单位制定直接涉及劳动者切身利益的规章制度及其执行的情况；

（二）用人单位与劳动者订立和解除劳动合同的情况；

（三）劳务派遣单位和用工单位遵守劳务派遣有关规定的情况；

（四）用人单位遵守国家关于劳动者工作时间和休息休假规定的情况；

（五）用人单位支付劳动合同约定的劳动报酬和执行最低工资标准的情况；

（六）用人单位参加各项社会保险和缴纳社会保险费的情况；

（七）法律、法规规定的其他劳动监察事项。

第七十五条　县级以上地方人民政府劳动行政部门实施监督检查时，有权查阅与劳动合同、集体合同有关的材料，有权对劳动场所进行实地检查，用人单位和劳动者都应当如实提供有关情况和材料。

劳动行政部门的工作人员进行监督检查，应当出示证件，依法行使职权，文明执法。

第七十六条　县级以上人民政府建设、卫生、安全生产监督管理等有关主管部门在各自职责范围内，对用人单位执行劳动合同制度的情况进行监督管理。

第七十七条　劳动者合法权益受到侵害的，有权要求有关部门依法处理，或者依法申请仲裁、提起诉讼。

第七十八条　工会依法维护劳动者的合法权益，对用人单位履行劳动合同、集体合同的情况进行监督。用人单位违反劳动法律、法规和劳动合同、集体合同的，工会有权提出意见或者要求纠正；劳动者申请仲裁、提起诉讼的，工会依法给予支持和帮助。

第七十九条　任何组织或者个人对违反本法的行为都有权举报，县级以上人民政府劳动行政部门应当及时核实、处理，并对举报有功人员给予奖励。

第七章　法律责任

第八十条　用人单位直接涉及劳动者切身利益的规章制度违反法律、法规规定的，由劳动行政部门责令改正，给予警告；给劳动者造成损害的，应当承担赔偿责任。

第八十一条　用人单位提供的劳动合同文本未载明本法规定的劳动合同必备条款或者用人单位未将劳动合同文本交付劳动者的，由劳动行政部门责令改正；给劳动者造成损害的，应当承担赔偿责任。

第八十二条　用人单位自用工之日起超过一个月不满一年未与劳动者订立书面劳动合同的，应当向劳动者每月支付二倍的工资。

用人单位违反本法规定不与劳动者订立无固定期限劳动合同的，自应当订立无固定期限劳动合同之日起向劳动者每月支付二倍的工资。

第八十三条　用人单位违反本法规定与劳动者约定试用期的，由劳动行政部门责令改正；违法约定的试用期已经履行的，由用人单位以劳动者试用期满月工资为标准，按已经履行的超过法定试用期的期间向劳动者支付赔偿金。

第八十四条　用人单位违反本法规定，扣押劳动者居民身份证等证件的，由劳动行政部门责令限期退还劳动者本人，并依照有关法律规定给予处罚。

用人单位违反本法规定，以担保或者其他名义向劳动者收取财物的，由劳动行政部门责令限期退还劳动者本人，并以每人五百元以上二千元以下的标准处以罚款；给劳动者造成损害的，应当承担赔偿责任。

劳动者依法解除或者终止劳动合同，用人单位扣押劳动者档案或者其他物品的，依照前款规定处罚。

第八十五条　用人单位有下列情形之一的，由劳动行政部门责令限期支付劳动报酬、加班费或者经济补偿；劳动报酬低于当地最低工资标准的，应当支付其差额部分；逾期不支付的，责令用人单位按应付金额百分之五十以上百分之一百以下的标准向劳动者加付赔偿金：

（一）未按照劳动合同的约定或者国家规定及时足额支付劳动者劳动报

酬的；

（二）低于当地最低工资标准支付劳动者工资的；

（三）安排加班不支付加班费的；

（四）解除或者终止劳动合同，未依照本法规定向劳动者支付经济补偿的。

第八十六条　劳动合同依照本法第二十六条规定被确认无效，给对方造成损害的，有过错的一方应当承担赔偿责任。

第八十七条　用人单位违反本法规定解除或者终止劳动合同的，应当依照本法第四十七条规定的经济补偿标准的二倍向劳动者支付赔偿金。

第八十八条　用人单位有下列情形之一的，依法给予行政处罚；构成犯罪的，依法追究刑事责任；给劳动者造成损害的，应当承担赔偿责任：

（一）以暴力、威胁或者非法限制人身自由的手段强迫劳动的；

（二）违章指挥或者强令冒险作业危及劳动者人身安全的；

（三）侮辱、体罚、殴打、非法搜查或者拘禁劳动者的；

（四）劳动条件恶劣、环境污染严重，给劳动者身心健康造成严重损害的。

第八十九条　用人单位违反本法规定未向劳动者出具解除或者终止劳动合同的书面证明，由劳动行政部门责令改正；给劳动者造成损害的，应当承担赔偿责任。

第九十条　劳动者违反本法规定解除劳动合同，或者违反劳动合同中约定的保密义务或者竞业限制，给用人单位造成损失的，应当承担赔偿责任。

第九十一条　用人单位招用与其他用人单位尚未解除或者终止劳动合同的劳动者，给其他用人单位造成损失的，应当承担连带赔偿责任。

第九十二条　违反本法规定，未经许可，擅自经营劳务派遣业务的，由劳动行政部门责令停止违法行为，没收违法所得，并处违法所得一倍以上五倍以下的罚款；没有违法所得的，可以处五万元以下的罚款。

劳务派遣单位、用工单位违反本法有关劳务派遣规定的，由劳动行政部门责令限期改正；逾期不改正的，以每人五千元以上一万元以下的标准处以罚款，对劳务派遣单位，吊销其劳务派遣业务经营许可证。用工单位给被派遣劳动者造成损害的，劳务派遣单位与用工单位承担连带赔偿责任。

第九十三条　对不具备合法经营资格的用人单位的违法犯罪行为，依法追究法律责任；劳动者已经付出劳动的，该单位或者其出资人应当依照本法有关规定向劳动者支付劳动报酬、经济补偿、赔偿金；给劳动者造成损害的，应当承担赔偿责任。

第九十四条 个人承包经营违反本法规定招用劳动者，给劳动者造成损害的，发包的组织与个人承包经营者承担连带赔偿责任。

第九十五条 劳动行政部门和其他有关主管部门及其工作人员玩忽职守、不履行法定职责，或者违法行使职权，给劳动者或者用人单位造成损害的，应当承担赔偿责任；对直接负责的主管人员和其他直接责任人员，依法给予行政处分；构成犯罪的，依法追究刑事责任。

第八章 附 则

第九十六条 事业单位与实行聘用制的工作人员订立、履行、变更、解除或者终止劳动合同，法律、行政法规或者国务院另有规定的，依照其规定；未作规定的，依照本法有关规定执行。

第九十七条 本法施行前已依法订立且在本法施行之日存续的劳动合同，继续履行；本法第十四条第二款第三项规定连续订立固定期限劳动合同的次数，自本法施行后续订固定期限劳动合同时开始计算。

本法施行前已建立劳动关系，尚未订立书面劳动合同的，应当自本法施行之日起一个月内订立。

本法施行之日存续的劳动合同在本法施行后解除或者终止，依照本法第四十六条规定应当支付经济补偿的，经济补偿年限自本法施行之日起计算；本法施行前按照当时有关规定，用人单位应当向劳动者支付经济补偿的，按照当时有关规定执行。

第九十八条 本法自 2008 年 1 月 1 日起施行。

附录三：《中华人民共和国劳动争议调解仲裁法》

《中华人民共和国劳动争议调解仲裁法》已由中华人民共和国第十届全国人民代表大会常务委员会第三十一次会议于 2007 年 12 月 29 日通过，现予公布，自 2008 年 5 月 1 日起施行。

第一章 总 则

第一条 为了公正及时解决劳动争议，保护当事人合法权益，促进劳动关系和谐稳定，制定本法。

第二条　中华人民共和国境内的用人单位与劳动者发生的下列劳动争议，适用本法：

（一）因确认劳动关系发生的争议；

（二）因订立、履行、变更、解除和终止劳动合同发生的争议；

（三）因除名、辞退和辞职、离职发生的争议；

（四）因工作时间、休息休假、社会保险、福利、培训以及劳动保护发生的争议；

（五）因劳动报酬、工伤医疗费、经济补偿或者赔偿金等发生的争议；

（六）法律、法规规定的其他劳动争议。

第三条　解决劳动争议，应当根据事实，遵循合法、公正、及时、着重调解的原则，依法保护当事人的合法权益。

第四条　发生劳动争议，劳动者可以与用人单位协商，也可以请工会或者第三方共同与用人单位协商，达成和解协议。

第五条　发生劳动争议，当事人不愿协商、协商不成或者达成和解协议后不履行的，可以向调解组织申请调解；不愿调解、调解不成或者达成调解协议后不履行的，可以向劳动争议仲裁委员会申请仲裁；对仲裁裁决不服的，除本法另有规定的外，可以向人民法院提起诉讼。

第六条　发生劳动争议，当事人对自己提出的主张，有责任提供证据。与争议事项有关的证据属于用人单位掌握管理的，用人单位应当提供；用人单位不提供的，应当承担不利后果。

第七条　发生劳动争议的劳动者一方在十人以上，并有共同请求的，可以推举代表参加调解、仲裁或者诉讼活动。

第八条　县级以上人民政府劳动行政部门会同工会和企业方面代表建立协调劳动关系三方机制，共同研究解决劳动争议的重大问题。

第九条　用人单位违反国家规定，拖欠或者未足额支付劳动报酬，或者拖欠工伤医疗费、经济补偿或者赔偿金的，劳动者可以向劳动行政部门投诉，劳动行政部门应当依法处理。

第二章　调　解

第十条　发生劳动争议，当事人可以到下列调解组织申请调解：

（一）企业劳动争议调解委员会；

（二）依法设立的基层人民调解组织；

（三）在乡镇、街道设立的具有劳动争议调解职能的组织。

企业劳动争议调解委员会由职工代表和企业代表组成。职工代表由工会成员担任或者由全体职工推举产生，企业代表由企业负责人指定。企业劳动争议调解委员会主任由工会成员或者双方推举的人员担任。

第十一条 劳动争议调解组织的调解员应当由公道正派、联系群众、热心调解工作，并具有一定法律知识、政策水平和文化水平的成年公民担任。

第十二条 当事人申请劳动争议调解可以书面申请，也可以口头申请。口头申请的，调解组织应当当场记录申请人基本情况、申请调解的争议事项、理由和时间。

第十三条 调解劳动争议，应当充分听取双方当事人对事实和理由的陈述，耐心疏导，帮助其达成协议。

第十四条 经调解达成协议的，应当制作调解协议书。

调解协议书由双方当事人签名或者盖章，经调解员签名并加盖调解组织印章后生效，对双方当事人具有约束力，当事人应当履行。

自劳动争议调解组织收到调解申请之日起十五日内未达成调解协议的，当事人可以依法申请仲裁。

第十五条 达成调解协议后，一方当事人在协议约定期限内不履行调解协议的，另一方当事人可以依法申请仲裁。

第十六条 因支付拖欠劳动报酬、工伤医疗费、经济补偿或者赔偿金事项达成调解协议，用人单位在协议约定期限内不履行的，劳动者可以持调解协议书依法向人民法院申请支付令。人民法院应当依法发出支付令。

第三章 仲 裁

第一节 一般规定

第十七条 劳动争议仲裁委员会按照统筹规划、合理布局和适应实际需要的原则设立。省、自治区人民政府可以决定在市、县设立；直辖市人民政府可以决定在区、县设立。直辖市、设区的市也可以设立一个或者若干个劳动争议仲裁委员会。劳动争议仲裁委员会不按行政区划层层设立。

第十八条 国务院劳动行政部门依照本法有关规定制定仲裁规则。省、自治区、直辖市人民政府劳动行政部门对本行政区域的劳动争议仲裁工作进行指导。

第十九条　劳动争议仲裁委员会由劳动行政部门代表、工会代表和企业方面代表组成。劳动争议仲裁委员会组成人员应当是单数。

劳动争议仲裁委员会依法履行下列职责：

（一）聘任、解聘专职或者兼职仲裁员；

（二）受理劳动争议案件；

（三）讨论重大或者疑难的劳动争议案件；

（四）对仲裁活动进行监督。

劳动争议仲裁委员会下设办事机构，负责办理劳动争议仲裁委员会的日常工作。

第二十条　劳动争议仲裁委员会应当设仲裁员名册。

仲裁员应当公道正派并符合下列条件之一：

（一）曾任审判员的；

（二）从事法律研究、教学工作并具有中级以上职称的；

（三）具有法律知识、从事人力资源管理或者工会等专业工作满五年的；

（四）律师执业满三年的。

第二十一条　劳动争议仲裁委员会负责管辖本区域内发生的劳动争议。

劳动争议由劳动合同履行地或者用人单位所在地的劳动争议仲裁委员会管辖。双方当事人分别向劳动合同履行地和用人单位所在地的劳动争议仲裁委员会申请仲裁的，由劳动合同履行地的劳动争议仲裁委员会管辖。

第二十二条　发生劳动争议的劳动者和用人单位为劳动争议仲裁案件的双方当事人。

劳务派遣单位或者用工单位与劳动者发生劳动争议的，劳务派遣单位和用工单位为共同当事人。

第二十三条　与劳动争议案件的处理结果有利害关系的第三人，可以申请参加仲裁活动或者由劳动争议仲裁委员会通知其参加仲裁活动。

第二十四条　当事人可以委托代理人参加仲裁活动。委托他人参加仲裁活动，应当向劳动争议仲裁委员会提交有委托人签名或者盖章的委托书，委托书应当载明委托事项和权限。

第二十五条　丧失或者部分丧失民事行为能力的劳动者，由其法定代理人代为参加仲裁活动；无法定代理人的，由劳动争议仲裁委员会为其指定代理人。劳动者死亡的，由其近亲属或者代理人参加仲裁活动。

第二十六条　劳动争议仲裁公开进行，但当事人协议不公开进行或者涉及国家秘密、商业秘密和个人隐私的除外。

第二节　申请和受理

第二十七条　劳动争议申请仲裁的时效期间为一年。仲裁时效期间从当事人知道或者应当知道其权利被侵害之日起计算。

前款规定的仲裁时效，因当事人一方向对方当事人主张权利，或者向有关部门请求权利救济，或者对方当事人同意履行义务而中断。从中断时起，仲裁时效期间重新计算。

因不可抗力或者有其他正当理由，当事人不能在本条第一款规定的仲裁时效期间申请仲裁的，仲裁时效中止。从中止时效的原因消除之日起，仲裁时效期间继续计算。

劳动关系存续期间因拖欠劳动报酬发生争议的，劳动者申请仲裁不受本条第一款规定的仲裁时效期间的限制；但是，劳动关系终止的，应当自劳动关系终止之日起一年内提出。

第二十八条　申请人申请仲裁应当提交书面仲裁申请，并按照被申请人人数提交副本。

仲裁申请书应当载明下列事项：

（一）劳动者的姓名、性别、年龄、职业、工作单位和住所，用人单位的名称、住所和法定代表人或者主要负责人的姓名、职务；

（二）仲裁请求和所根据的事实、理由；

（三）证据和证据来源、证人姓名和住所。

书写仲裁申请确有困难的，可以口头申请，由劳动争议仲裁委员会记入笔录，并告知对方当事人。

第二十九条　劳动争议仲裁委员会收到仲裁申请之日起五日内，认为符合受理条件的，应当受理，并通知申请人；认为不符合受理条件的，应当书面通知申请人不予受理，并说明理由。

对劳动争议仲裁委员会不予受理或者逾期未作出决定的，申请人可以就该劳动争议事项向人民法院提起诉讼。

第三十条　劳动争议仲裁委员会受理仲裁申请后，应当在五日内将仲裁申请书副本送达被申请人。

被申请人收到仲裁申请书副本后，应当在十日内向劳动争议仲裁委员会提交答辩书。劳动争议仲裁委员会收到答辩书后，应当在五日内将答辩书副本送达申请人。被申请人未提交答辩书的，不影响仲裁程序的进行。

第三节　开庭和裁决

第三十一条　劳动争议仲裁委员会裁决劳动争议案件实行仲裁庭制。仲裁庭由三名仲裁员组成，设首席仲裁员。简单劳动争议案件可以由一名仲裁员独任仲裁。

第三十二条　劳动争议仲裁委员会应当在受理仲裁申请之日起五日内将仲裁庭的组成情况书面通知当事人。

第三十三条　仲裁员有下列情形之一，应当回避，当事人也有权以口头或者书面方式提出回避申请：

（一）是本案当事人或者当事人、代理人的近亲属的；

（二）与本案有利害关系的；

（三）与本案当事人、代理人有其他关系，可能影响公正裁决的；

（四）私自会见当事人、代理人，或者接受当事人、代理人的请客送礼的。

劳动争议仲裁委员会对回避申请应当及时作出决定，并以口头或者书面方式通知当事人。

第三十四条　仲裁员有本法第三十三条第四项规定情形，或者有索贿受贿、徇私舞弊、枉法裁决行为的，应当依法承担法律责任。劳动争议仲裁委员会应当将其解聘。

第三十五条　仲裁庭应当在开庭五日前，将开庭日期、地点书面通知双方当事人。当事人有正当理由的，可以在开庭三日前请求延期开庭。是否延期，由劳动争议仲裁委员会决定。

第三十六条　申请人收到书面通知，无正当理由拒不到庭或者未经仲裁庭同意中途退庭的，可以视为撤回仲裁申请。

被申请人收到书面通知，无正当理由拒不到庭或者未经仲裁庭同意中途退庭的，可以缺席裁决。

第三十七条　仲裁庭对专门性问题认为需要鉴定的，可以交由当事人约定的鉴定机构鉴定；当事人没有约定或者无法达成约定的，由仲裁庭指定的鉴定机构鉴定。

根据当事人的请求或者仲裁庭的要求，鉴定机构应当派鉴定人参加开庭。当事人经仲裁庭许可，可以向鉴定人提问。

第三十八条　当事人在仲裁过程中有权进行质证和辩论。质证和辩论终结时，首席仲裁员或者独任仲裁员应当征询当事人的最后意见。

第三十九条　当事人提供的证据经查证属实的，仲裁庭应当将其作为认定事实的根据。

劳动者无法提供由用人单位掌握管理的与仲裁请求有关的证据，仲裁庭可以要求用人单位在指定期限内提供。用人单位在指定期限内不提供的，应当承担不利后果。

第四十条　仲裁庭应当将开庭情况记入笔录。当事人和其他仲裁参加人认为对自己陈述的记录有遗漏或者差错的，有权申请补正。如果不予补正，应当记录该申请。

笔录由仲裁员、记录人员、当事人和其他仲裁参加人签名或者盖章。

第四十一条　当事人申请劳动争议仲裁后，可以自行和解。达成和解协议的，可以撤回仲裁申请。

第四十二条　仲裁庭在作出裁决前，应当先行调解。

调解达成协议的，仲裁庭应当制作调解书。

调解书应当写明仲裁请求和当事人协议的结果。调解书由仲裁员签名，加盖劳动争议仲裁委员会印章，送达双方当事人。调解书经双方当事人签收后，发生法律效力。

调解不成或者调解书送达前，一方当事人反悔的，仲裁庭应当及时作出裁决。

第四十三条　仲裁庭裁决劳动争议案件，应当自劳动争议仲裁委员会受理仲裁申请之日起四十五日内结束。案情复杂需要延期的，经劳动争议仲裁委员会主任批准，可以延期并书面通知当事人，但是延长期限不得超过十五日。逾期未作出仲裁裁决的，当事人可以就该劳动争议事项向人民法院提起诉讼。

仲裁庭裁决劳动争议案件时，其中一部分事实已经清楚，可以就该部分先行裁决。

第四十四条　仲裁庭对追索劳动报酬、工伤医疗费、经济补偿或者赔偿金的案件，根据当事人的申请，可以裁决先予执行，移送人民法院执行。

仲裁庭裁决先予执行的，应当符合下列条件：

（一）当事人之间权利义务关系明确；

（二）不先予执行将严重影响申请人的生活。

劳动者申请先予执行的，可以不提供担保。

第四十五条　裁决应当按照多数仲裁员的意见作出，少数仲裁员的不同意见应当记入笔录。仲裁庭不能形成多数意见时，裁决应当按照首席仲裁员的意见作出。

第四十六条　裁决书应当载明仲裁请求、争议事实、裁决理由、裁决结果和裁决日期。裁决书由仲裁员签名，加盖劳动争议仲裁委员会印章。对裁决持不同意见的仲裁员，可以签名，也可以不签名。

第四十七条　下列劳动争议，除本法另有规定的外，仲裁裁决为终局裁决，裁决书自作出之日起发生法律效力：

（一）追索劳动报酬、工伤医疗费、经济补偿或者赔偿金，不超过当地月最低工资标准十二个月金额的争议；

（二）因执行国家的劳动标准在工作时间、休息休假、社会保险等方面发生的争议。

第四十八条　劳动者对本法第四十七条规定的仲裁裁决不服的，可以自收到仲裁裁决书之日起十五日内向人民法院提起诉讼。

第四十九条　用人单位有证据证明本法第四十七条规定的仲裁裁决有下列情形之一，可以自收到仲裁裁决书之日起三十日内向劳动争议仲裁委员会所在地的中级人民法院申请撤销裁决：

（一）适用法律、法规确有错误的；

（二）劳动争议仲裁委员会无管辖权的；

（三）违反法定程序的；

（四）裁决所根据的证据是伪造的；

（五）对方当事人隐瞒了足以影响公正裁决的证据的；

（六）仲裁员在仲裁该案时有索贿受贿、徇私舞弊、枉法裁决行为的。

人民法院经组成合议庭审查核实裁决有前款规定情形之一的，应当裁定撤销。

仲裁裁决被人民法院裁定撤销的，当事人可以自收到裁定书之日起十五日内就该劳动争议事项向人民法院提起诉讼。

第五十条　当事人对本法第四十七条规定以外的其他劳动争议案件的仲裁裁决不服的，可以自收到仲裁裁决书之日起十五日内向人民法院提起诉讼；期満不起诉的，裁决书发生法律效力。

第五十一条 当事人对发生法律效力的调解书、裁决书，应当依照规定的期限履行。一方当事人逾期不履行的，另一方当事人可以依照民事诉讼法的有关规定向人民法院申请执行。受理申请的人民法院应当依法执行。

第四章 附 则

第五十二条 事业单位实行聘用制的工作人员与本单位发生劳动争议的，依照本法执行；法律、行政法规或者国务院另有规定的，依照其规定。

第五十三条 劳动争议仲裁不收费。劳动争议仲裁委员会的经费由财政予以保障。

第五十四条 本法自 2008 年 5 月 1 日起施行。

附录四：《中华人民共和国劳动合同法实施条例》

《中华人民共和国劳动合同法实施条例》已经 2008 年 9 月 3 日国务院第 25 次常务会议通过，现予公布，自公布之日起施行。

第一章 总 则

第一条 为了贯彻实施《中华人民共和国劳动合同法》（以下简称劳动合同法），制定本条例。

第二条 各级人民政府和县级以上人民政府劳动行政等有关部门以及工会等组织，应当采取措施，推动劳动合同法的贯彻实施，促进劳动关系的和谐。

第三条 依法成立的会计师事务所、律师事务所等合伙组织和基金会，属于劳动合同法规定的用人单位。

第二章 劳动合同的订立

第四条 劳动合同法规定的用人单位设立的分支机构，依法取得营业执照或者登记证书的，可以作为用人单位与劳动者订立劳动合同；未依法取得营业执照或者登记证书的，受用人单位委托可以与劳动者订立劳动合同。

第五条 自用工之日起一个月内，经用人单位书面通知后，劳动者不与用人单位订立书面劳动合同的，用人单位应当书面通知劳动者终止劳动关系，无需向劳动者支付经济补偿，但是应当依法向劳动者支付其实际工作时间的劳动报酬。

第六条　用人单位自用工之日起超过一个月不满一年未与劳动者订立书面劳动合同的，应当依照劳动合同法第八十二条的规定向劳动者每月支付两倍的工资，并与劳动者补订书面劳动合同；劳动者不与用人单位订立书面劳动合同的，用人单位应当书面通知劳动者终止劳动关系，并依照劳动合同法第四十七条的规定支付经济补偿。

前款规定的用人单位向劳动者每月支付两倍工资的起算时间为用工之日起满一个月的次日，截止时间为补订书面劳动合同的前一日。

第七条　用人单位自用工之日起满一年未与劳动者订立书面劳动合同的，自用工之日起满一个月的次日至满一年的前一日应当依照劳动合同法第八十二条的规定向劳动者每月支付两倍的工资，并视为自用工之日起满一年的当日已经与劳动者订立无固定期限劳动合同，应当立即与劳动者补订书面劳动合同。

第八条　劳动合同法第七条规定的职工名册，应当包括劳动者姓名、性别、公民身份号码、户籍地址及现住址、联系方式、用工形式、用工起始时间、劳动合同期限等内容。

第九条　劳动合同法第十四条第二款规定的连续工作满 10 年的起始时间，应当自用人单位用工之日起计算，包括劳动合同法施行前的工作年限。

第十条　劳动者非因本人原因从原用人单位被安排到新用人单位工作的，劳动者在原用人单位的工作年限合并计算为新用人单位的工作年限。原用人单位已经向劳动者支付经济补偿的，新用人单位在依法解除、终止劳动合同计算支付经济补偿的工作年限时，不再计算劳动者在原用人单位的工作年限。

第十一条　除劳动者与用人单位协商一致的情形外，劳动者依照劳动合同法第十四条第二款的规定，提出订立无固定期限劳动合同的，用人单位应当与其订立无固定期限劳动合同。对劳动合同的内容，双方应当按照合法、公平、平等自愿、协商一致、诚实信用的原则协商确定；对协商不一致的内容，依照劳动合同法第十八条的规定执行。

第十二条　地方各级人民政府及县级以上地方人民政府有关部门为安置就业困难人员提供的给予岗位补贴和社会保险补贴的公益性岗位，其劳动合同不适用劳动合同法有关无固定期限劳动合同的规定以及支付经济补偿的规定。

第十三条　用人单位与劳动者不得在劳动合同法第四十四条规定的劳动合同终止情形之外约定其他的劳动合同终止条件。

第十四条 劳动合同履行地与用人单位注册地不一致的，有关劳动者的最低工资标准、劳动保护、劳动条件、职业危害防护和本地区上年度职工月平均工资标准等事项，按照劳动合同履行地的有关规定执行；用人单位注册地的有关标准高于劳动合同履行地的有关标准，且用人单位与劳动者约定按照用人单位注册地的有关规定执行的，从其约定。

第十五条 劳动者在试用期的工资不得低于本单位相同岗位最低档工资的80％或者不得低于劳动合同约定工资的80％，并不得低于用人单位所在地的最低工资标准。

第十六条 劳动合同法第二十二条第二款规定的培训费用，包括用人单位为了对劳动者进行专业技术培训而支付的有凭证的培训费用、培训期间的差旅费用以及因培训产生的用于该劳动者的其他直接费用。

第十七条 劳动合同期满，但是用人单位与劳动者依照劳动合同法第二十二条的规定约定的服务期尚未到期的，劳动合同应当续延至服务期满；双方另有约定的，从其约定。

第三章 劳动合同的解除和终止

第十八条 有下列情形之一的，依照劳动合同法规定的条件、程序，劳动者可以与用人单位解除固定期限劳动合同、无固定期限劳动合同或者以完成一定工作任务为期限的劳动合同：

（一）劳动者与用人单位协商一致的；

（二）劳动者提前 30 日以书面形式通知用人单位的；

（三）劳动者在试用期内提前 3 日通知用人单位的；

（四）用人单位未按照劳动合同约定提供劳动保护或者劳动条件的；

（五）用人单位未及时足额支付劳动报酬的；

（六）用人单位未依法为劳动者缴纳社会保险费的；

（七）用人单位的规章制度违反法律、法规的规定，损害劳动者权益的；

（八）用人单位以欺诈、胁迫的手段或者乘人之危，使劳动者在违背真实意思的情况下订立或者变更劳动合同的；

（九）用人单位在劳动合同中免除自己的法定责任、排除劳动者权利的；

（十）用人单位违反法律、行政法规强制性规定的；

（十一）用人单位以暴力、威胁或者非法限制人身自由的手段强迫劳动者劳动的；

（十二）用人单位违章指挥、强令冒险作业危及劳动者人身安全的；

（十三）法律、行政法规规定劳动者可以解除劳动合同的其他情形。

第十九条　有下列情形之一的，依照劳动合同法规定的条件、程序，用人单位可以与劳动者解除固定期限劳动合同、无固定期限劳动合同或者以完成一定工作任务为期限的劳动合同：

（一）用人单位与劳动者协商一致的；

（二）劳动者在试用期间被证明不符合录用条件的；

（三）劳动者严重违反用人单位的规章制度的；

（四）劳动者严重失职，营私舞弊，给用人单位造成重大损害的；

（五）劳动者同时与其他用人单位建立劳动关系，对完成本单位的工作任务造成严重影响，或者经用人单位提出，拒不改正的；

（六）劳动者以欺诈、胁迫的手段或者乘人之危，使用人单位在违背真实意思的情况下订立或者变更劳动合同的；

（七）劳动者被依法追究刑事责任的；

（八）劳动者患病或者非因工负伤，在规定的医疗期满后不能从事原工作，也不能从事由用人单位另行安排的工作的；

（九）劳动者不能胜任工作，经过培训或者调整工作岗位，仍不能胜任工作的；

（十）劳动合同订立时所依据的客观情况发生重大变化，致使劳动合同无法履行，经用人单位与劳动者协商，未能就变更劳动合同内容达成协议的；

（十一）用人单位依照企业破产法规定进行重整的；

（十二）用人单位生产经营发生严重困难的；

（十三）企业转产、重大技术革新或者经营方式调整，经变更劳动合同后，仍需裁减人员的；

（十四）其他因劳动合同订立时所依据的客观经济情况发生重大变化，致使劳动合同无法履行的。

第二十条　用人单位依照劳动合同法第四十条的规定，选择额外支付劳动者一个月工资解除劳动合同的，其额外支付的工资应当按照该劳动者上一个月的工资标准确定。

第二十一条　劳动者达到法定退休年龄的，劳动合同终止。

第二十二条　以完成一定工作任务为期限的劳动合同因任务完成而终止的，用人单位应当依照劳动合同法第四十七条的规定向劳动者支付经济补偿。

第二十三条　用人单位依法终止工伤职工的劳动合同的，除依照劳动合同法第四十七条的规定支付经济补偿外，还应当依照国家有关工伤保险的规定支付一次性工伤医疗补助金和伤残就业补助金。

第二十四条　用人单位出具的解除、终止劳动合同的证明，应当写明劳动合同期限、解除或者终止劳动合同的日期、工作岗位、在本单位的工作年限。

第二十五条　用人单位违反劳动合同法的规定解除或者终止劳动合同，依照劳动合同法第八十七条的规定支付了赔偿金的，不再支付经济补偿。赔偿金的计算年限自用工之日起计算。

第二十六条　用人单位与劳动者约定了服务期，劳动者依照劳动合同法第三十八条的规定解除劳动合同的，不属于违反服务期的约定，用人单位不得要求劳动者支付违约金。

有下列情形之一，用人单位与劳动者解除约定服务期的劳动合同的，劳动者应当按照劳动合同的约定向用人单位支付违约金：

（一）劳动者严重违反用人单位的规章制度的；

（二）劳动者严重失职，营私舞弊，给用人单位造成重大损害的；

（三）劳动者同时与其他用人单位建立劳动关系，对完成本单位的工作任务造成严重影响，或者经用人单位提出，拒不改正的；

（四）劳动者以欺诈、胁迫的手段或者乘人之危，使用人单位在违背真实意思的情况下订立或者变更劳动合同的；

（五）劳动者被依法追究刑事责任的。

第二十七条　劳动合同法第四十七条规定的经济补偿的月工资按照劳动者应得工资计算，包括计时工资或者计件工资以及奖金、津贴和补贴等货币性收入。劳动者在劳动合同解除或者终止前12个月的平均工资低于当地最低工资标准的，按照当地最低工资标准计算。劳动者工作不满12个月的，按照实际工作的月数计算平均工资。

第四章　劳务派遣特别规定

第二十八条　用人单位或者其所属单位出资或者合伙设立的劳务派遣单位，向本单位或者所属单位派遣劳动者的，属于劳动合同法第六十七条规定的不得设立的劳务派遣单位。

第二十九条　用工单位应当履行劳动合同法第六十二条规定的义务，维护被派遣劳动者的合法权益。

第三十条　劳务派遣单位不得以非全日制用工形式招用被派遣劳动者。

第三十一条　劳务派遣单位或者被派遣劳动者依法解除、终止劳动合同的经济补偿，依照劳动合同法第四十六条、第四十七条的规定执行。

第三十二条　劳务派遣单位违法解除或者终止被派遣劳动者的劳动合同的，依照劳动合同法第四十八条的规定执行。

第五章　法律责任

第三十三条　用人单位违反劳动合同法有关建立职工名册规定的，由劳动行政部门责令限期改正；逾期不改正的，由劳动行政部门处 2000 元以上 2 万元以下的罚款。

第三十四条　用人单位依照劳动合同法的规定应当向劳动者每月支付两倍的工资或者应当向劳动者支付赔偿金而未支付的，劳动行政部门应当责令用人单位支付。

第三十五条　用工单位违反劳动合同法和本条例有关劳务派遣规定的，由劳动行政部门和其他有关主管部门责令改正；情节严重的，以每位被派遣劳动者 1000 元以上 5000 元以下的标准处以罚款；给被派遣劳动者造成损害的，劳务派遣单位和用工单位承担连带赔偿责任。

第六章　附　则

第三十六条　对违反劳动合同法和本条例的行为的投诉、举报，县级以上地方人民政府劳动行政部门依照《劳动保障监察条例》的规定处理。

第三十七条　劳动者与用人单位因订立、履行、变更、解除或者终止劳动合同发生争议的，依照《中华人民共和国劳动争议调解仲裁法》的规定处理。

第三十八条　本条例自公布之日起施行。

附录五：劳动合同范本

甲方(用人单位)

    名称：

    住所：

    法定代表人（主要负责人）：

    联系人：

    联系电话：

乙方(劳动者)

    姓名：

    性别：

    身份证（护照）号码：

    住址：

    联系电话：

根据《中华人民共和国劳动法》（以下简称《劳动法》）、《中华人民共和国劳动合同法》（以下简称《劳动合同法》）等有关法律法规的规定，甲乙双方遵循合法、公平、平等自愿、协商一致、诚实信用的原则，签订本合同，共同遵守本合同所列条款。

一、合同期限

（一）甲乙双方同意按以下第____种方式确定本合同期限。

1. 有固定期限：从_____年____月____日起至_____年____月____日止。

2. 无固定期限：从_____年____月____日起。

3. 以完成一定工作任务为期限：从_____年____月____日起至_____工作任务完成时止。完成工作任务的标志是_____。

（二）试用期为_____。（试用期包括在合同期限内，如无试用期，则填写"无"）

二、工作内容和工作地点

乙方的工作内容（岗位或工种）＿＿＿＿＿＿＿＿＿＿＿＿＿＿＿＿＿＿。

乙方的工作地点＿＿＿＿＿＿＿＿＿＿＿＿＿＿＿＿＿＿＿＿。

三、工作时间和休息休假

（一）甲乙双方同意按以下第＿＿＿种方式确定乙方的工作时间。

1. 标准工时制，即每日工作＿＿＿＿＿小时（不超过 8 小时），每周工作＿＿＿＿＿小时（不超过 40 小时），每周至少休息一日。

2. 不定时工作制，即经劳动保障行政部门审批，乙方所在岗位实行不定时工作制。

3. 综合计算工时工作制，即经劳动保障行政部门审批，乙方所在岗位实行综合计算工时工作制。

（二）甲方由于生产经营需要延长工作时间的，按《劳动法》第四十一条执行。

（三）乙方依法享有法定节假日、婚假、产假、丧假等假期。

（四）乙方的其他休息休假安排＿＿＿＿＿＿＿＿＿＿＿＿＿＿＿＿＿＿＿。

四、劳动报酬

（一）甲方依法制定工资分配制度，并告知乙方。甲方支付给乙方的工资不得低于市政府公布的当年度最低工资。

（二）乙方每月工资＿＿＿＿＿元（其中试用期每月工资＿＿＿＿＿元）或按＿＿＿＿＿
＿＿＿＿＿＿＿＿＿＿＿＿＿＿＿＿＿＿＿＿＿＿＿＿＿＿＿＿＿＿＿执行。

（三）甲方每月＿＿＿日发放工资。甲方至少每月以货币形式向乙方支付一次工资。

（四）乙方加班工资、假期工资及特殊情况下的工资支付按有关法律、法规的规定执行。

（五）甲乙双方对工资的其他约定

＿＿＿＿＿＿＿＿＿＿＿＿＿＿＿＿＿＿＿＿＿＿＿＿＿＿＿＿＿＿＿＿＿＿。

五、社会保险和福利待遇

（一）甲乙双方按照国家和省、市有关规定，参加社会保险，缴纳社会保险费。

（二）乙方患病或非因工负伤，甲方应按国家和省、市的有关规定给予乙方享受医疗期和医疗期待遇。

（三）乙方患职业病、因工负伤的，甲方按《职业病防治法》《工伤保险条例》等有关法律法规的规定执行。

（四）甲方为乙方提供以下福利待遇

_____。

六、劳动保护、劳动条件和职业危害防护

（一）甲方按国家和省、市有关劳动保护规定，提供符合国家安全卫生标准的劳动作业场所和必要的劳动防护用品，切实保护乙方在生产工作中的安全和健康。

（二）甲方按国家和省、市有关规定，做好女员工和未成年工的特殊劳动保护工作。

（三）乙方从事_____作业，可能产生_____职业危害，甲方应采取____
_____防护措施，并每年组织乙方健康检查___次。

（四）乙方有权拒绝甲方的违章指挥，强令冒险作业；对甲方危害生命安全和身体健康的行为，乙方有权要求改正或向有关部门举报。

七、规章制度

（一）甲方依法制定的规章制度，应当告知乙方。

（二）乙方应遵守国家和省、市有关法律法规和甲方依法制定的规章制度，按时完成工作任务，提高职业技能，遵守安全操作规程和职业道德。

（三）乙方自觉遵守国家和省、市计划生育的有关规定。

八、合同变更

甲乙双方经协商一致，可以变更合同。变更合同应采用书面形式。变更后的合同文本双方各执一份。

九、合同解除和终止

（一）甲乙双方协商一致，可以解除合同。

（二）乙方提前三十日以书面形式通知甲方，可以解除劳动合同；乙方试用期内提前三日通知甲方，可以解除劳动合同。

（三）甲方有下列情形之一的，乙方可以通知甲方解除劳动合同：

1. 未按照劳动合同约定提供劳动保护或者劳动条件的；

2. 未及时足额支付劳动报酬的；

3. 未依法为乙方缴纳社会保险费的；

4. 甲方的规章制度违反法律、法规的规定，损害乙方权益的；

5. 甲方以欺诈、胁迫的手段或者乘人之危，使乙方在违背真实意思的情况下订立或者变更本合同，致使劳动合同无效的；

6. 甲方免除自己的法定责任、排除乙方权利，致使劳动合同无效的；

7. 甲方违反法律、行政法规强制性规定，致使劳动合同无效的；

8. 法律、行政法规规定乙方可以解除劳动合同的其他情形。

（四）甲方以暴力、威胁或者非法限制人身自由的手段强迫乙方劳动的，或者甲方违章指挥、强令冒险作业危及乙方人身安全的，乙方可以立即解除劳动合同，不需事先告知甲方。

（五）乙方有下列情形之一的，甲方可以解除劳动合同：

1. 在试用期间被证明不符合录用条件的；

2. 严重违反甲方的规章制度的；

3. 严重失职，营私舞弊，给甲方造成重大损害的；

4. 乙方同时与其他用人单位建立劳动关系，对完成本单位的工作任务造成严重影响，或者经甲方提出，拒不改正的；

5. 乙方以欺诈、胁迫的手段或者乘人之危，使甲方在违背真实意思的情况下订立或者变更本合同，致使劳动合同无效的；

6. 被依法追究刑事责任的。

（六）有下列情形之一的，甲方提前三十日以书面形式通知乙方或者额外支付乙方一个月工资后，可以解除劳动合同：

1. 乙方患病或者非因工负伤，在规定的医疗期满后不能从事原工作，也不能从事由甲方另行安排的工作的；

2. 乙方不能胜任工作，经过培训或者调整工作岗位，仍不能胜任工作的；

3. 劳动合同订立时所依据的客观情况发生重大变化，致使劳动合同无法履行，经甲乙双方协商，未能就变更劳动合同内容达成协议的。

（七）有下列情形之一，甲方需要裁减人员二十人以上或者裁减不足二十人但占甲方职工总数百分之十以上的，甲方应提前三十日向工会或者全体职工说明情况，在听取工会或者职工的意见，并将裁减人员方案向劳动行政部门报告后，可以裁减人员：

1. 依照企业破产法规定进行重整的；

2. 生产经营发生严重困难的；

3. 企业转产、重大技术革新或者经营方式调整，经变更劳动合同后，仍需裁减人员的；

4. 其他因劳动合同订立时所依据的客观经济情况发生重大变化，致使劳动合同无法履行的。

（八）有下列情形之一的，劳动合同终止：

1. 劳动合同期满的；

2. 乙方开始依法享受基本养老保险待遇的；

3. 乙方死亡，或者被人民法院宣告死亡或者宣告失踪的；

4. 甲方被依法宣告破产的；

5. 甲方被吊销营业执照、责令关闭、撤销或者甲方决定提前解散的；

6. 法律、行政法规规定的其他情形。

十、经济补偿

（一）符合下列情形之一的，甲方应当向乙方支付经济补偿：

1. 甲方依据本合同第九条第（一）项规定向乙方提出解除劳动合同并与乙方协商一致解除劳动合同的；

2. 乙方依据本合同第九条第（三）项、第（四）项规定解除劳动合同的；

3. 甲方依据本合同第九条第（六）项规定解除劳动合同的；

4. 甲方依照本合同第九条第（七）项规定解除劳动合同的；

5. 除甲方维持或者提高劳动合同约定条件续订劳动合同，乙方不同意续订的情形外，依据本合同第九条第（八）项第1目规定终止固定期限劳动合同的；

6. 依据本合同第九条第（八）项第4目、第5目规定终止劳动合同的；

7. 法律、行政法规规定的其他情形。

（二）甲乙双方解除或终止本合同的，经济补偿的发放标准应按《劳动合同法》和国家和省、市有关规定执行。甲方依法应向乙方支付经济补偿的，应在乙方办结工作交接时支付。

十一、合同解除和终止手续

甲乙双方解除和终止本合同的，乙方应按双方约定，办理工作交接等手续。甲方应依法向乙方出具书面证明，并在十五日内为乙方办理档案和社会保险关系转移手续。

十二、争议处理

甲乙双方发生劳动争议的，应先协商解决。协商不成的，可以向本单位工会寻求解决或向本单位劳动争议调解委员会申请调解；也可以直接向劳动争议仲裁委员会申请仲裁。对仲裁裁决无异议的，双方必须履行；对仲裁裁决不服的，可以向人民法院起诉。

十三、双方认为需要约定的其他事项：

_____

_____

十四、其他

（一）本合同未尽事宜或合同条款与现行法律法规规定有抵触的，按现行法律法规执行。

（二）本合同自甲乙双方签字盖章之日起生效，涂改或未经书面授权代签无效。

（三）本合同一式两份，甲乙双方各执一份。

甲方：（盖章）   乙方：（签名）

法定代表人（主要负责人）

_____年___月___日   _____年___月___日